历史的丰碑丛书

美国新政领袖
罗斯福

赵海月　刘　畅　编著

吉林人民出版社

图书在版编目(CIP)数据

美国新政领袖——罗斯福／赵海月,刘畅编著.--
长春：吉林人民出版社,2011.4（2021.8 重印）
（历史的丰碑丛书）
ISBN 978-7-206-07599-5

Ⅰ.①美… Ⅱ.①赵… ②刘… Ⅲ.①罗斯福,F.D
.（1882～1945）—生平事迹—青年读物②罗斯福,
F.D.（1882～1945）—生平事迹—少年读物 Ⅳ.
① K837.127=5

中国版本图书馆 CIP 数据核字 (2011) 第 039439 号

美国新政领袖 罗斯福
MEIGUO XIN ZHENG LINGXIU LUOSIFU

编　著：赵海月　刘　畅
责任编辑：刘　涵　　　　　封面设计：孙浩瀚
制　　作：吉林人民出版社图文设计印务中心
吉林人民出版社出版 发行(长春市人民大街7548号　邮政编码:130022)
印　　刷：北京一鑫印务有限责任公司
开　　本：787mm×1092mm　1/16
印　　张：8　　　　　字　　数：72千字
标准书号：ISBN 978-7-206-07599-5
版　　次：2011年4月第1版　　印　　次：2021年8月第2次印刷
定　　价：35.00 元

如发现印装质量问题,影响阅读,请与出版社联系调换。

编者的话

"欲知大道，必先为史"。

回溯人类的足迹，人们首先看到的总是那些在其各自背景和时点上标志着社会高度和进步里程的伟大人物。他们是历史的丰碑，是后世之鉴。

黑格尔说："无疑，一个时代的杰出个人是特性，一般说来，就反映了这个时代的总的精神。"普希金说："跟随伟大人物的思想是一门引人入胜的科学。"

以史为鉴，面向未来。作为 21 世纪的继往开来者，我们觉得，在知史基础上具有宽广的知识结构、开阔的胸襟和敏锐的洞察力应是首要的素质要求，而在历史的大背景中追寻丰碑人物的思想、风范和足迹，应是知史的捷径。

考虑到现代人时间的宝贵，我们期盼以尽量精短的篇幅容纳尽量丰富的信息，展现尽量宏大的历史画卷和历史规律。为此，我们编撰了这套丛书。

编撰丛书的过程，也是纵览历代风云、伴随伟人心路、吸收历史营养的过程。沉心于书页，我们随处感受着各历史时期伟大人物所体现的推动历史进步的人类征服力量。我们随着伟人命运及事业的坎坷与辉煌而悲喜，为他们思想的深邃精湛、行为的大气脱俗而会意感慨、拍案叫绝。

然而，在思想开始远游和精神获得享受的同时，我们也随之感受到历史脚步的沉重和历史过程的曲折。社会每前进一步都是艰难的，都伴随着巨大的痛苦和付出。历史的伟大在于它最终走向进步，最终在血污中诞生了鲜活的"婴孩"。

历史有继承性和局限性，不能凭空创造。伟人也有血肉，他们的思想、行为因此注定了同样具有历史的局限性和阶级的、时代的烙印；他们的功业建立于千千万万广大人民群众伟大创造的基础上。历史是人民群众创造的，伟大的人物们是历史和时代造就的。同时，我们也无法否定此间他们个人的努力。这也正是我们编撰这套丛书的目的。

我们期盼着这套丛书得到社会的认同，对读者，特别是青少年读者之历史感、成就感和使命感的培养有所裨益。史海浩瀚，群星璀璨。我们以对广大青少年读者负责的精神，精心遴选，以助力青少年成长进步，集结出版了《历史的丰碑》系列丛书，敬请读者批评、指正。

历史的丰碑丛书

编 委 会

策　划：　胡维革　吴铁光

　　　　　林　巍　冯子龙

主　编：　胡维革　邢万生

副主编：　贾淑文　谷艳秋

编　委：　（按姓氏笔画为序）

　　　　　于二辉　刘士琳

　　　　　刘文辉　孙建军

　　　　　李艳萍　吴兰萍

　　　　　杨九屹　隋　军

富兰克林·罗斯福，著名的资产阶级政治家，美国第32届总统。少儿时期，生活优裕，见多识广。大学时代，不甘寂寞，染指政治。走出校门后，曾当过律师、纽约州参议员、海军助理部长等职。1921年患小儿麻痹症，双腿瘫痪。但他身残志坚，壮心不已，7年后硬是挂着双拐，登上了纽约州长的宝座。时过5年，他又临危受命，坐着轮椅入主白宫，成为美国政坛上的一位巨子。他在位12年，蝉联四任总统。在当政前期，实行"新政"，毅然决然地把行将崩溃的美国经济带出了困境；在当政后期，他又审时度势，纵横捭阖，坚韧不拔地将美国从孤立主义的泥潭中拉了出来，从而成为世界性的知名资产阶级政治家。

目　录

历史的丰碑丛书

少儿生活

> 人是条件的产物，不可能是理想化身，他只有在斗争中才能改变——生活可以彻底改变一个人。
>
> ——克鲁普斯卡娅

在美国历史上，有两位姓罗斯福的总统：一个是第26届总统西奥多·罗斯福，另一个就是本书所要谈的第32届总统富兰克林·罗斯福。从家族血统上讲，两个罗斯福总统同宗于荷兰移民克拉斯·马滕森·范·罗森福。随着岁月的流逝，罗森福的发音变成了罗斯福，在第三代（17世纪80年代）出现了罗斯福家族的两大支：一支是奥伊斯特湾系，西奥多·罗斯福总统就是这一支的第六代子孙；另一支是海德公园镇系，富兰克林·罗斯福总统则是这一支的后裔。按家族排辈，两个罗斯福同辈，可是由于富兰克林·罗斯福娶老罗斯福的侄女安娜·埃莉诺·罗斯福为妻，于是就成了老罗斯福的侄儿。

富兰克林·罗斯福1882年1月30日降生于美国纽

约城海德公园村，是其父亲54岁时得的"独苗苗"。他的父亲从祖先那里继承了一笔可观的遗产，又是罗斯福家族从哈佛大学法学院毕业的第一人，之后他又弃法经商，不仅拥有土地，还投资铁路、船运和煤矿，甚至拥有一辆专用火车车厢。他的母亲出身于富商家庭，也从父亲那里继承了一笔丰厚的遗产。富兰克林·罗斯福从小生长在殷实温暖、豪华气派的家庭，并受到特别的呵护与宠爱。

罗斯福的童年时代是丰富多彩而又浪漫传奇的。他3岁时就开始随父母去欧洲旅行，从小就接受了荷兰人喜爱大海和船的习性。他去过欧洲许多地方，不仅大开眼界，而且学会了法语和德语。他的法语程度，使他任总统时能听懂戴高乐对美国的抱怨；德语程度，则使他能直接从广播中收听希特勒和戈培尔对他的咒骂。罗斯福5岁时随父亲去白宫有幸见到克利夫兰总统。临别时，克利夫兰总统用手抚摸着罗斯福的小脑瓜说："我的小男子汉，我对你有个奇特的希望。那就是千万不要当美国总统。"由于父母的疼爱，罗斯福除

了9岁时上过6个星期的公共学校的课以外，其余都是由家庭教师来家中授课的。当然，父亲的渊博知识和母亲的礼仪举止，对他也有潜移默化的影响。此外，优裕的家庭环境，使罗斯福具有一般儿童所难以得到的兴趣。譬如，他8岁就开始集邮，16岁就有了自己的单桅帆船"新月号"。他对海和船的迷恋，使他收藏了许多与船有关的绘画、图片、模型，甚至老旧船只的零件。即使入主白宫后，他的办公室也主要是由船的模型和绘画来装饰的。

1896年是罗斯福人生旅程的新起点，为了孩子能更好地成长，母亲不得不眼泪汪汪地把罗斯福送入美国著名的格罗顿公学作为三年级的插班生学习。他来到学校后，首先遇到的是有小圈子的老生们的排斥和欺负。一个长期在家养尊处优的"宝贝"，一下子被推入冷冰冰的、缺乏保护的群体生活中，其心理反差之大是不难想象的。孤独感、恐惧感和失落感时常包围着罗斯福，使他原来那颗稚嫩的心灵和单纯的头脑受到了强烈刺激。在现实的压力下，罗斯福学会了忍受痛苦和自我保护的本领。在格罗顿的整个学习期间，罗斯福用讨好人的办法来改善自己的处境。违心说好话、受辱露笑颜的生活表现，使他在同学眼中留下了个"不诚恳"的印象。后来成为罗斯福总统的亲密助手、智囊团重要成员的雷克斯福德·特格韦尔说，"罗斯福在格罗顿处理困难问题的做法成了他在后来的类似情况中言行举止的模式。"这一点，对他日后竞选总统也起了一定的作用。华尔街银行家拉塞尔·莱芬韦尔在1935年大选年发现罗斯福的："笑容、他的令人愉快的情谊、他对最好东西的期待和使每个人都感到高兴的努力，这一切会对人们的头脑和心灵起到镇静作用……"在格罗顿令罗斯福苦恼的另一个问题则是自己书生型的体格。格罗顿是崇拜体育明星的，可他是个瘦高个。在学校时兴的橄榄球、篮球和划船等运动项目上，他身单力薄，受人冷落。为了改善和加强自己在同学中的地位，他自动组织了橄榄球啦啦队，还自愿当吃力不讨好的篮球队管理员，这样他与学校中许多著名球员的关系就密切起来。他还擅长辩论，是"辩论学会"的成员。在入学的第二年，他利用自己是全校唯一单独拥有一条船——"新月号"的学生的优势，以娴熟的驾驶技术和船主身份而出尽风头……

　　光阴荏苒，日月如梭。4年的时间在不知不觉中过去了。1900年6月，罗斯福从格罗顿公学毕业获得该校的拉丁文奖。在他的学业成绩中，拉丁文和英文是"优"，其余的都是"良"。跨出中学大门，面前就是人生的十字路口。罗斯福迈出的是哪一步呢？

大学时代

> 不容否认，一些偶然性常常影响一个人的命运——例如长相漂亮、机缘凑巧、某人的死亡，以及施展才能的机会等；但另一方面，人之命运也往往是由人自己造成的。正如古代诗人所说："每个人都是自己的设计师。"
>
> ——培根

激情满怀、气冲霄汉的罗斯福想进海军学校。一是他对大海和舰船早就怀有深情，二是将来成为一名海军军官有助于实现自己英雄的梦想。然而，他的想法却遭到了父母的反对。年事已高的老父希望罗斯福这棵家中的"独苗苗"能走一条保险的路，以便在他撒手西归时继承家产、掌管家业。在父亲的劝说下，罗斯福只好改弦易辙走进了哈弗，攻读法律。哈佛大学是美国东部权势集团造就上流社会接班人的名牌大学。1900年12月，罗斯福的父亲去世了。父亲为他留下的产业和钱财，使罗斯福已经能够享受富家子弟的生活和居于上流社会的地位，但罗斯福是一个志向高

← 哈佛大学

远、奋发有为的青年，他并未就此而止步、怠惰，而是巧于心计，扬长避短，展露才华。

哈佛的生活很散漫，完全不像格罗顿那样严格刻板，甚至可以整个学期吃喝玩乐，到期末时，请私人教师突击补习，应付考试。哈佛约有300名富豪子弟，多数醉心于波士顿花天酒地的社交生活，忙于学校所在地坎布里奇镇名目繁多的著名俱乐部的竞选活动。这种活动需要花费大量金钱。越是名门或与名门沾亲带故，花费越大。罗斯福因为有一位地位显赫的堂叔，他的社交活动就更引人注目。富豪子弟的巨大开支包括旅馆费（许多人在校外租房住）、裁缝费、烟酒费、仆役费、购买或租用马匹或马车的费用、戏票费，还

包括寻花问柳、晚会后打破窗户玻璃和损坏家具的赔偿费。不过，罗斯福的兴趣不在寻欢作乐而是集中在政治上。

哈佛同美国其他大学一样，都崇尚体育活动，体育明星是人们青睐的偶像。可罗斯福的体格使他不能在这方面出人头地，虽说身高已超过一般人，但体重按运动员的标准来要求至少差20磅。因体格的缘故，学校里的足球队、划船队都与他无缘，他最多只能当个"啦啦队"的头。在体育项目上，也只好选择打网球和游泳等活动。

他那奶油小生的派头和细高挑的个头，成为女生们戏谑的话题。她们送给罗斯福两个外号"妈妈的乖儿子"和"羽毛掸子"。女生们的轻视，对罗斯福的自

→哈弗大学校园

尊心伤害极大。罗斯福决心用头脑来向女生们证明：自己也是一个响当当的男子汉！

首先，他巧妙地利用当时担任纽约州长的堂叔老罗斯福的影响，以对其堂叔的独家采访而成为哈佛校刊《绯红报》的助理编辑。快毕业时，以其出色的才干又升为该报的主编。其次，他十分关注世界上的一些热点问题，成了哈佛为南非英国集中营中布尔人妇孺募捐组织的领袖。他还参加哈佛共和党人俱乐部，磨炼自己的政治触觉，砥砺自己判断事物的能力。

从罗斯福4年大学学习成绩上看，他的精力不是主要用于学习上。在哈佛毕业时，总评是"丙"，少数科目得"乙"。他的心思主要投放在如何突出自己的一些活动上。

罗斯福在哈佛没有赢得多少知心朋友。班友们认为他有点"盛气凌人"，而且"笑得太多，不令人信赖"。但是，正是在这所著名的学府里，他接触了政治，并对政治发生了浓厚的兴趣。他积极参加引人注目的政治集会，通过抛头露面来改变自己在同学中的形象。这时候的他，关心的还只是自己的"形象"，而真正萌生问鼎白宫的雄心，却是在自己婚礼上受人冷落时才开始的。

1904年6月，罗斯福从哈佛大学毕业。同年12月

→哥伦比亚大学法学院

宣布与远房堂妹安娜·埃利诺·罗斯福订婚。次年的3月17日在纽约举行婚礼。这位身材苗条而又腼腆的新娘是当时在任总统西奥多·罗斯福的弟弟埃利奥特的女儿，而且又传出总统本人将亲自参加侄女婚礼的消息，因而致使富兰克林·罗斯福的婚事成了一大新闻。

举行婚礼的那天，宾客如潮，冠盖云集，极一时之盛。然而，罗斯福发现，这些贵宾主要是为了瞻仰总统的风采而来。总统成了婚礼的中心人物，而他和新娘则被晾在了一边。总统走到哪里，掌声就响到哪里，而新郎和新娘却几乎无人注目。当总统离开婚礼大厅走向宴会厅时，客人们紧随着总统蜂拥而去，热闹的婚礼大厅内，霎时只剩下孤零零的一对新人。罗斯福目睹此情此景，心中由甜变酸。他感到自己与总统相比，是何等的渺小，在人们的心目中又是多么的微不足道。他暗暗地在心中发誓：将来一定要当上总统!

从哈佛毕业后，罗斯福又进入了名牌的哥伦比亚法学院，不出三年，就通过了纽约律师考试。

1907年他就职于华尔街一家著名的法律事务所任初级书记员。这个职位曾空悬了两年，求职的人很多，但无人入选。当事务所负责人听说总统的侄女婿有意在法律界服务，立即招聘了罗斯福。在担任律师期间，他既看到了律师们是怎样钻法律的空子来逃避法律的，同时也结识了许多人，参加了许多社会活动。他的辩才和微笑服务，很快赢得顾主的好感，上司给他的评语是"有前途"。但是，对政治感兴趣的罗斯福对律师业务感到厌烦。38年后在与同事的闲谈中道出了真情，他说他不会永远搞法律，一有机会就要去竞选官职，他想当总统，而且他认为自己确实能当上总统。

←哥伦比亚大学法学院图书馆

追 逐权位

> 历史的大道不是涅瓦大街上的人行道，
> 它完全是在田野中前进的，有时穿过泥泞，
> 有时横渡沼泽，有时行经丛林。
> ——车尔尼雪夫斯基

　　罗斯福以他最钦佩的老罗斯福总统为榜样，决定通过政治途径进入政界。为了实现当总统的梦想，他开始寻找一切可能的机会，从而迈向了追逐权力的路程。

　　1910年，代表达切斯县的州参议员职位空缺，罗斯福决定赢得这个位置。母亲和多数亲友都不同意罗斯福去做这一希望渺茫的事。他的妻

子正身怀第四个孩子，对政治还不懂，但她表示凡是
丈夫愿意干的事她都支持。尽管获胜的希望很小，但
罗斯福却以极大的热情投入竞选。他坐着汽车到处演
说。由于积极性过了头，以致有一次竟越出纽约州州
界，跑到另一个州，白白地对那里的选民讲了一通。
通过不懈的努力，终于使他在3万张选票中以多于对
手1140票当选为纽约州参议员，开始了从政生涯的第
一步。

罗斯福坐上纽约州参议员的交椅时才29岁。在州
参议院中，他那从容的谈吐和不俗的仪表引起了民主
党党阀们的注意。坦慕尼厅（民主党纽约总部）的头
头蒂姆·沙利文看着罗斯福的背影，对手下人说："又
是个罗斯福家族的人。这家伙还年轻，在他翅膀还没
有硬的时候把他搞下来是不是更保险点？"但罗斯福却
不是一个容易对付的人，他随时准备迎接坦慕尼厅的
挑战。

当一名州参议员并不需要多大的本事。当时州参
议员中大多数人浑浑噩噩、无所事事。他们有一半的
时间要住在消费比较大的州首府，1500美元的年薪使
他们的生活很拮据。罗斯福既非饱食终日的平庸之辈，
又不是靠薪俸为生的寒酸小吏。

他在州参议院中独树一帜，表现为一个"进步

派"。他呼吁建立一个任人唯贤、不受政党机器控制的
廉洁的好政府。虽然作为一名州参议员无力影响全国
的政治，但是罗斯福却有力量让全国舆论的聚光灯照
在他的身上。

1911年，坦慕尼厅的党阀们决定把他们的小喽
啰——一个政治品质极坏的威廉·希恩送进联邦参议
院。

这一举动使曾经向州选民保证反对党阀政治的罗
斯福，面临着严峻的考验。几经考虑，罗斯福团结了
19个对坦慕尼厅头头不满的议员，组成一支反叛队伍
进行抵制。结果，党阀们被迫让步，撤回了对希恩的
支持，同意另一个折中的候选人——为人正直的最高
法院法官詹姆斯·奥戈尔曼为代表纽约州的联邦议员。

罗斯福反对希恩的故事，就像华盛顿小时候砍樱
桃树的故事一样，越传越远，越传越神。他成了反对
坦慕尼厅的英雄，引起了舆论的注意。

这次斗争之后，1911年秋，纽约州参议员罗斯福
去拜访新泽西州州长威尔逊。两个人在平淡的气氛中
见了面。一个所谓的理想主义学究政客与一个政治思
想还未完全定型的崇尚实际的政客之间，一下子确实
找不到多少共同点，除了年龄相差26岁之外，更因为
威尔逊不了解这个年轻人。经过一番交谈，罗斯福被

博学、善辩、冷峻而又热情的老州长所吸引，几乎完全赞同威尔逊的政治主张。事后，罗斯福高兴地说：他发现了一个"依靠理智而不是情感来使人折服的人"。

1912年，威尔逊以民主党总统候选人身份迎战从共和党中分裂出来的进步党候选人西奥多·罗斯福和共和党候选人威廉·塔夫脱。富兰克林·罗斯福不是站在本家亲戚一边，而是自告奋勇积极为威尔逊效劳。1912年7月民主党总统候选人全国代表大会召开，罗斯福第一次看到如此众多各式各样的奇怪人物聚集在一起。这些人中有小城市的雇员，满面病容看来略有营养不良的文书、录事，老态龙钟的职业陪审员、讼棍，在地方小报馆混事的记者，还有掌管选民登记名册的神秘人物。他们前来参加代表大会，有的是为了调剂一下庸庸碌碌的生活，寻求一点刺激；有的是为了借机狂欢痛饮一番，党代会期间照例是不吝惜花钱的。罗斯福首次投身于美国政治最喧闹、最肮脏的漩涡中，便显示了他的政客才能。这位30岁的州参议员，戴着金丝边夹鼻眼镜，口衔雪茄，周旋于大会中各路人马之间，不论熟与不熟，他都笑脸相迎，一副哈佛气派，赢得了很多人缘。在文质彬彬的仪态背后，罗斯福还准备了另一手。他组织了一帮年轻打手，让

他们混进会场，准备对付坦慕尼厅党阀们手下的无赖。如果坦慕尼厅党阀控制的纽约代表团不支持威尔逊，罗斯福就采取行动。罗斯福这一手还真奏效。无疑，他为威尔逊的竞选立了一功。

论功行赏是美国政党政治的传统。威尔逊在1913年入主白宫后，任命罗斯福担任海军部助理部长。罗斯福在这个位置一干就是7年半，对美国海军发展颇有建树。他的工作作风是不依靠从文件上了解情况，而是尽可能多地与人交谈，一直深入到船坞、仓库、舰艇。

有人形容他的形象是："脱掉上衣，解开衬衫，敞开硬领，领带挂在一边。"

罗斯福并不满足于海军部助理部长这一高级军事

→美国白宫建筑

职位，他希望能有一个更广阔的驰骋场所。美国总统那顶迷人桂冠的魔力诱引着他，他要骑着政治这一快马去摘取它。然而，政治这匹马并不是好驾驭的。1914年，代表纽约州的联邦参议员出缺，罗斯福决定参加竞选。他满以为威尔逊总统会扶助他一把，可是在竞选时，威尔逊却拒绝插手。结果，罗斯福败北。事后，威尔逊总统写信申斥他在全国性政治活动上的轻率行为。

罗斯福一声不吭，只好默默地忍受着失败和指责的痛苦。1920年，美国又举行副总统选举。受过竞选挫折的罗斯福，为了洗刷失败的屈辱，全力以赴地要拿到这个职位。在92天的竞选中，他有84个晚上是在竞选车上度过的。可是当公布结果时，他又一次名落孙山。然而"塞翁失马，焉知非福"。虽然这次大选失败了，但罗斯福在全国选民面前亮了相，结识了许多重要人物，了解了普通百姓的情绪和要求。此时，他已是一名全国性政治人物了。

竞选失败后，野心勃勃的罗斯福暂时告别了政坛，落落寡合地回到了家乡，先操手律师工作，后又从事证券买卖活动。在他双手大把捞钱的同时，他的双眼却密切地注视着政治舞台，等待时机，以图东山再起。

身残志坚

> 许多我们所说的噩运，往往只需当事人将内在的态度，由恐惧变为奋战，便能转变成振奋心神的益处。
>
> ——詹姆士

"天有不测风云，人有旦夕祸福"。正当罗斯福像一颗新星被人发现的时候，一个突然的不幸降临到他的头上。

1921年8月10日，在罗斯福携带全家兴致勃勃地从度假地乘着自己的小帆船返家途中，突然发现一个小岛上起了林火。他们随即向林火扑去，经过两个多小时的战斗，终于扑灭了火灾。全家人累得汗流浃背，满身烟灰。罗斯福热得要命，于是就跳入芬迪湾的水中洗澡。不料冰凉的海水使他的身体难以适应，寒气似乎一下子钻入了肝脏。当天夜里，他便发高烧，全身疼痛，两周后，经医生诊断，确定为小儿麻痹症。后来虽然得到了精心治疗，时值39岁盛年的罗斯福双腿还是瘫痪了。对一个野心勃勃的政客来说，没有比这一打击更沉重的了。它意味着不能到处与选民接触，意味着被人当作残疾人看待，甚至意味着不能独立生活，要仰仗别人料理，何能从政？

这是一次严酷的考验。如果不进行最艰苦的长期锻炼，四肢可能完全瘫痪，坐都坐不起来。1922年2月，医生给他安上了用皮革和钢制成的架子，这副架子以后一直戴在他的腿上。为了使病情不至于恶化，罗斯福以惊人的毅力和顽强的精神，忍受着疼痛和摔跌，练习用拐杖支撑走路。下肢瘫痪了，则想尽办法保持上身健壮的外形。他练习吊环增加臂力，练习游泳增加上身的宽度。他同疾病作斗争的事迹，感动激励了许多人。

同疾病的艰苦斗争，进一步增强了罗斯福在政治上拼搏的决心。他千方百计地与政界保持联系，积极参与社会活动，身在病榻，心在政坛：一是尽可能担任社会职务，以扩大自己的名声。他担任的社会职务包括大纽约童子军理事会会长、威尔逊基金会董事，甚至于在某个公园的管委会挂个名，其目的在于使自己的名字经常在报上出现；二是外出活动不方便，就尽可能多地接待来访者，通过来访者替自己在社会上做义务宣传员；三是动员夫人埃莉诺出来参加社会活动，通过夫人外交为他造声势。

　　1924年，罗斯福抱着试一试的心情来到佐治亚州西南部的一个温泉区进行温泉治疗。结果病情大有起色，短短6周，双腿增加的力量就超过了过去3年的养疗效果。于是罗斯福便萌生了把这所温泉建设成一个非营利性质的小儿麻痹症患者水疗中心的念头。1926年，他拿出一大笔钱购买了温泉区的旅馆、游泳池和1200英亩山地，成立了非营利的佐治亚温泉基金会，接待全国各地的小儿麻痹症患者。这一项工作，使罗斯福在"纯人道领域"博得了美名。在温泉医疗中心里，罗斯福与许多普通人同池游泳，共同活动，比之竞选时与老百姓的接触更真实、更亲切。各家报纸纷纷报道罗斯福与佐治亚温泉的消息，使罗斯福的大名远扬四海。

　　身残志坚的形象、参与社会的活动和乐善好施的声誉等，罗斯福为自己日后的东山再起做了很好的准备。

　　1924年又是总统选举年。民主党于这年6月在纽约召开代表大会，罗斯福不顾母亲要他退休回家治理祖产家业的劝告，决定在这次大会上露面。一方面是为了支持艾尔弗雷德·史密斯角逐总统候选人的提名，更重要的是发出他本人重返政界的信息。他在儿子的协助下，撑着拐杖走上讲台，然后放开双拐，手扶讲桌，开始了他患病三年多来的第一次公开演说。他侃侃而谈，情感丰富，把"快乐勇士"的名称加在艾尔弗雷德·史密斯头上。演说赢得了会场一阵阵的热烈掌声。

1928年，纽约州长职位出现空缺，这个职位是走向白宫的阶梯之一。残疾的罗斯福心向往之又恐力有未逮，踌躇不决。他担心的是：一个瘸子要竞选州长，选民能接受吗？在妻子的鼓励下，10月3日罗斯福接受了纽约州长候选人的提名，开始了身患重疾后的第一次公开竞选。他认为自己首先要突破的障碍是：必须让纽约州的选民相信他不是一个机能丧失的残疾人，而是个生气勃勃的候选人。在为期4周的紧张竞选活动中，罗斯福每天平均要做近200英里的竞选旅行，发表12次演说。他表现得精神抖擞，亲切感人。他与选民们握手，拍肩，谈笑风生，凡是候选人该表演的，他都表演了。甚至还有一般候选人所没有的条件，那就是伤残选民对他的敬佩和拥护。功夫不负苦心人，双腿瘫痪的罗斯福力挫群雄，拄着拐杖，登上了纽约州长的宝座。

"新官上任三把火"，罗斯福也不例外。由于他对纽约州的私弊进行了某些改革，特别是推行了美国历史上第一次的社会救济福利计划，使他在1930年又以

更大的优势第二次连任州长。

罗斯福在四年州长任内，除了政绩显赫外，还为他的将来做了准备。他在实际上为自己组织好了日后竞选总统的智囊团和进入白宫后的顾问班子。他在白宫期间最得力的助手哈里·霍普金斯就是这个时候网罗进核心班子的。

机遇垂青于有准备的头脑，"偶然"不会帮助准备不周的人。看来罗斯福是深知这一点的。

问鼎白宫

> 如爱尔维修所说的，每个社会时代都
> 需要有自己的伟大人物，如果没有这样的
> 人物，它就要创造出这样的人物来。
>
> ——马克思

1929年，一个不同寻常的黑色日子。这一年，资本主义世界中爆发了有史以来最大的经济危机。

这股狂飙以美国纽约为中心，横扫整个资本主义世界，所到之处无不凄惨衰败、人惊马惶。

← 美国白宫建筑

这场危机延续达4年之久，给资本主义巨厦以强烈的震撼。

在美国，此时正是胡佛总统任职期间，巨大的危机使全国一片混乱萧条，抱怨、咒骂、愤怒之声不绝于耳。胡佛上台前向全国选民所允诺的"揭开锅，两只鸡，家家户户坐上小汽车"，已成南柯一梦。胡佛被人称为"饥饿总统"。

据统计，在胡佛任内期间：美国工业生产下降了55.6%，回到1905～1906年的水平；GNP从1044亿美元下降到410亿美元；股票平均值下降了87.4%；进口贸易从1929年的45亿美元下降到1932年的13亿美元。

失业人数在1929年5月是150万人，占民用劳动力总数的3.1%；到1932年危机最低点时达1283万人，超过民用劳动力总数的1/4。到1933年2月14日胡佛发表告别演说时，美国已有5500家银行倒闭，有900万户储户失去了存款，有千千万万将一辈子积蓄买成股票的人，一下子变成赤贫。

此外，由于农产品价格过低，有的州决定用谷物作燃料取暖过冬。数以百万计的小猪和数以万计产仔的母猪被杀掉，以保证价格不再继续下跌，成吨的牛奶被倾倒于沟渠之中已司空见惯；跳楼、上吊、用煤气自杀的已不是新闻；农民痛打政府官员、工人上街游行、退伍军人大规模的抗议等此伏彼起。

在美国历史上，很少有哪位总统像胡佛那样受到老百姓讽刺、憎恶。

仅在1932年一年中，被地方执法官从被抵押而逾期未赎的住宅中赶走的家庭达27.3万户，到1933年有100万个家庭无家可归。这些人住在大城市近郊的荒地上用破铁皮、纸板和粗麻布搭起来的窝棚中。

窝棚称为"胡佛别墅"，窝棚区叫"胡佛村"；失业者手提的破口袋叫"胡佛袋"；在公园长凳上过夜的流浪者身上盖的旧报纸叫"胡佛毯"；衣袋翻过来，一个子儿也没有，叫扯"胡佛旗"；饥饿农民吃的野兔叫作"胡佛猪"……

在这百业萧条、人心思变、动荡不安的形势下，国家应该怎么办？出路何在？

当美国工人阶级的革命政党尚不具备领导革命斗争力量的情况下，人民只能在现行政治制度框架内，从共和党和民主党中选一个人来领导联邦政府，并帮助人民渡过难关。

1932年美国总统大选的日子又来临了。共和党推不出新候选人，仍由胡佛应战。

民主党在角逐提名的几个人中，罗斯福年资最浅，但他任纽约州长时，就着手培养自己的势力，为问鼎白宫铺就了路基。

按照传统的做法，被提名的总统候选人要等待几个星期，听候党的委员会给他送来得到提名的正式通知书。但是，罗斯福决心吹掉政府屋檐下"愚蠢传统的蜘蛛网"。

他打算戏剧性地实现他的意图，办法是采取前所未有的行动，由奥尔尼飞往党代表大会会场去发表他接受提名的演说，而不是坐等隆重的通知仪式的到来。

罗斯福来到芝加哥，就径直地走上大会讲台，向与会代表，同时也向全国大约有1000万簇拥在收音机旁的听众，发表了字斟句酌的"充满希望"的讲话。

"我在履行今后任务之初就打破了一个荒谬的传统，那就是，一个候选人要在几个星期里对所发生的事假装一无所知，一直等到好几个星期后才有人正式通知他这件事。"

罗斯福说，"你们已经提名我，而我也知道这件事，我现在到这里来就是感谢你们给予我的荣誉。让这件事也作为一种象征，表明我这样做就是打破传统。

让打破愚蠢的传统成为我们党今后的任务。"

接着罗斯福提出了类似他作为纽约州长所提出的那些计划：为穷苦人提供联邦救济；调节证券交易；自愿执行农作物控制计划，以减少剩余农产品；以及降低关税等。

最后他说，"我向你们宣誓，我也为自己宣誓。""要执行有利于美国人民的新政。让我们全体在场的人都成为未来那种富有成效和勇气的新秩序的预言者。

这不单是政治竞选，这是战斗号令。请你们帮助我，不光是为了赢得选票，而是要在恢复美国固有的这一伟大进军中取胜。"

罗斯福这次"充满希望"的演说，像春雷一样在大会会场中回荡，它一扫人们往日心头的愁云，令人耳目一新、襟怀敞亮。

罗斯福抓紧时机，立即开始了竞选总统的战斗。在竞选期间，他发表了16次长篇演讲和67次较短的演讲，并且在火车后部的讲台上发表了无数次不拘形式的谈话。

他向选民许诺实行"新政"，这个"新"字抓住了选民的心理，磁石般地把众多的选票吸拢了过来。

尽管声名狼藉的胡佛本人也知道没有连任的希望，但他却在竞选中到处诋毁罗斯福，可是大多数选民根

本不听他的那一套。

胡佛耳边听到的尽是："绞死胡佛！胡佛是杀害退伍军人的凶手！"的喊叫声，选民还用鸡蛋和西红柿击打胡佛的竞选专车。一个在任内使全国1/7的人不得不靠施舍度日的总统，还能在白宫待下去吗？

大选揭晓了。罗斯福以2280万票对1575万票获胜。他在48个州中赢得了42个州，共得472张选举人票，胡佛只得6个州59张选举人票。

自1861年林肯以212票对21票的比例击败麦克莱伦以来，这是美国两党竞选史上第二个悬殊的比率。

1933年3月4日，富兰克林·罗斯福临危受命，入主白宫，成为美国第32届总统。

相关链接
XIANGGUAN LIANJIE

美国白宫

美国总统官邸，位于美国首都华盛顿，是一座白色的二层楼房。1792年始建，从1800年以后成为历届总统的官邸，1902年美国总统罗斯福首先使用"白宫"一词。后成为美国政府的代表。

白宫是美国政要名流的舞台，也是全世界最好客的元首官邸，两个世纪以来40多位白宫主人在这里工作与生活。

它的每个房间都有说不完的故事，新的主人为了

显示其统治权总喜欢改变原有的装潢或摆饰,以表明新主人的不同品味,白宫总是以新的面貌迎接它的主人。

在200年岁月中,白宫风云深深影响了整个世界的历史,白宫建筑群也成了历史性建筑。它带有浓厚的英国建筑风格,又在随后的主人更替中一层层融入了美国建筑的风格。朴素、典雅,构成白宫建筑风格的基调。

白宫的基址是美国开国元勋、第一任总统乔治·华盛顿选定的,始建于1792年,1800年基本完工。有趣的是,第一位入主白宫的总统并不是第一任总统华盛顿,而是第二任总统约翰·亚当斯;从此,美国历届总统均以白宫为官邸,使白宫成了美国政府的代名词。

白宫的设计者是著名的美籍爱尔兰人建筑师詹姆斯·霍本,他根据18世纪末英国乡间别墅的风格,参照当时流行的意大利建筑师柏拉迪的欧式造型设计而成,用弗吉尼亚州所产的一种白色石灰石建造。但当时并不称白宫,"白宫"是1902年西奥多·罗斯福总统正式命名的。

新政旗手

打破常规的道路指向智慧之宫。

——布莱克

几个苍蝇咬几口，决不能羁留一匹英勇的骏马。

——伏尔泰

在人人惶惶不可终日的危急形势下，罗斯福被人用轮椅推进了白宫，行使总统大权。

埋藏于心底多年的愿望实现了，这是一喜；可是胡佛留下的一大堆烂摊子怎么收拾？这又是一忧。喜忧参半的罗斯福在春寒料峭的气候中，发表了"无所畏惧"的就职演说。

他对美国人民说："我们唯一值得恐惧的就是恐惧本身。"

从此开始了他那"无所畏惧"的"新政"。

"新政"是怎么回事呢？我们现在从历史的角度回瞻，可以做这样的解释：它是罗斯福1933—1939年期间，为对付和缓解1929—1933年经济危机及其严重后

果而采取的一系列行政和法律措施；是在现实政治条件下的经济改革和试验。它的"新"处在于：改变胡佛的"自然调节"的放任政策，采用国家干预经济的办法，来消除危机。

它是以往美国各届政府都没有进行过的一种治理经济的方案；它较早地证明了计划与市场都是社会经济的调节手段，都不具有特定的社会意识形态属性，计划多一点还是市场多一点应由每个社会发展的客观需要来决定。

根据"新政"在不同时期重点的不同，它可分为两个阶段。

第一阶段（1933年3月～1935年初），主要目标是医治严重经济危机造成的创伤，提出了一些目的在于复兴经济的法案和计划；第二阶段（1935年～1939年），制订了某些有深远意义的新立法，侧重于改革。救济措施则贯穿始终。"新政"的主要内容可以用"三R"来概括，即 Relief（救济）、Recovery（复兴）和 Reform（改革）。实际上，救济、复兴和改革三项措施常常是重叠交错的。

罗斯福并不是先知先觉的神算超人。虽然历史已将他的名字与"新政"鲜明地镶嵌在一起。但由他大胆构思并处心积虑地提出的"新政"概念，最初也不是很清晰的，他只想尝试一条新的救危复兴之路。

他认为："美国是够大的，可以进行各种不同体制的试验，遵循几种不同的方针。为什么一定要把我们的经济政策束缚起来呢？"上台伊始，罗斯福只好硬着头皮，摸着石头过河。

用他的话说就是："试试看，如果失败了，再试试别的。"

罗斯福是怎样实施"新政"的呢？他不是一个经济学家，也没有处理联邦事务的经验。但是他善于从别人那里汲取知识。

除了国务院这个行政班子外，还有一个白宫班子，就是在竞选时为他出谋划策的智囊团，一帮年轻的知识分子、教授专家，给他讲解问题，提出解决问题的办法供他选择。

罗斯福感兴趣的，不是宏伟的政治学、经济学理论，而是普通人看得见摸得着的活生生的成就。他丝毫不为国内各式各样的乌托邦的"分享财富计划"或其他平均主义的幻想所动，而是先解决人民最关注的问题，以安定民心。

大危机是由疯狂投机活动引起的金融危机触发的。罗斯福思前想后，决定从整顿金融入手。

从上任后的第三天开始，他就下令全国银行停业，

宣布美元贬值，放弃金本位，禁止输出金银和货币，对破产银行分别进行整顿和救济。他敦促国会通过《银行条例》，以法律手段扩大总统权力，授权总统采取他认为必要的整顿措施。

这项工作对全国经济生活影响很大。银行经过整顿后，不久陆续开业。罗斯福发表广播演说（以后这种广播以"炉边谈话"闻名），对银行危机作了全面说明，承认："我们面对一个银行信用不佳的情势，我们有一些银行家在掌管人民的钱财上表现出无能或者不诚实，他们把委托给他们的金钱用来投机和进行不明智的放款，因此一时使人民产生不安全感……政府的任务就是要清理这种状况，而且清理得越快越好。"

他呼吁："归根结底，在我们调整金融体制上，有一个因素比货币更重要，比黄金更重要，这就是人民的信心。我们要团结起来消除恐惧。"

他劝美国人民把藏在褥子底下的钞票再拿出来存入银行，由政府来担保。罗斯福采取的整顿金融的非常措施，对收拾局面、稳定人心和疏导国民经济生活的血液循环系统，起了重大作用。

在农业方面，罗斯福采取了减耕、毁耕的非常措施。1933年5月12日通过的《农业调整法》（AAA）是罗斯福企图把农业纳入某种计划轨道的一个尝试。

　　为了解决所谓农产品"过剩"和价格过低问题，罗斯福的如意算盘是用"计划种植"代替以往的"自由种植"，实行以"份额分配计划"为核心的农业调整计划。根据这个计划，由农场主、农业部和地方农业机构共同商定每种农作物应该种植多少才能保持供求平衡，然后，通过农业调整署地方委员会告知每个农场主耕作份额。

　　当这项政策下达时，许多农民都已按自己的意愿种植完毕，来不及按耕作份额减少耕作面积，于是就采取了大规模毁耕的办法。农民们眼睁睁看着自己用汗水浇灌出来的秧苗被毁于一旦。

　　到1934年，更进一步制定了对超过份额的生产课以重税的法律。由政府来控制生产，用补贴和重税来进行调节。这种做法在美国历史上还是头一回。

　　整个说来，罗斯福的农业政策在提高农产品价格从而提高农户收入上取得了一些进展。尽管农民的经济状况在实施农业

← 蓝鹰运动图标

调整后得到改善，但是在新政计划中，罗斯福的农业政策则受到了最广泛的批评。

当千百万人正忍饥挨饿的时候，却要采取毁灭粮食和牲畜的方法来保证收入和利润，简直是不可思议。

用大规模破坏生产力来应付生产过剩的经济危机，突出地说明了资本主义制度的腐朽和荒谬。

在工商企业方面，罗斯福采取"蓝鹰"运动，以期达到工商业的复兴。这个"蓝鹰"就是1933年6月16日通过的《全国工业复兴法》（NIRA），简称《全国复兴法》（NRA）。

凡是接受《全国工业复兴法》各项规定的企业，一律发给印有展翅的"蓝鹰"图案标志，悬挂在显眼处。根据该法，罗斯福建立了"全国复兴总署"，其任务是监督生产和调整商业及金融。对工业各部门，又制定了"公平竞争守则"，规定工业生产产量、市场分配和产品价格。

《全国工业复兴法》还规定：消灭童工劳动，制定合理工资标准，缩短工时；第七条第一款规定：雇员有权组织起来集体谈判合同。这一款体现了罗斯福致力于使劳资在他的领导下"合作"，减少和削弱阶级矛盾的设想。然而"蓝鹰"并没有飞行多远就遭到了大企业的反对。他们指桑骂槐，把"权力过度集中，个人的独裁作风"扣在"全国复兴总署"的头上。

在资本家的强烈反对下，1935年5月27日最高法院判定《全国工业复兴法》违宪，废止了该法律。

在社会救济工作方面，罗斯福采取了打破美国传统的单纯发放救济款的方式，而采用大规模的"以工代赈"的办法，主要途径有三：一是通过集中兴办大规模公共工程来解决部分就业问题。1933年5月18日通过的田纳西流域工程计划（TVA）的完成，不仅使农村用电区域增多、收入得到增加，而且由于有TVA供应的充足电力，才使美国第一颗原子弹的制造成为可能。二是通过动员，在各地从事公益事业。1933年3月31日通过的民间护林保土工作队计划（CCC），吸收18～25岁的失业青年，在各州从事造林、森林防火、防治水患、水土保持、道路建筑等方面的劳动。这项计划先后安排了150万失业青年。三是通过工赈机关进行组织和安排，对有工作能力的失业者不发放救济金，而通过参加不同的劳动获得工资。其中比较典型的是，1935年5月6日以总统行政命令的方式成立的由霍普金斯直接负责的工程兴办署（后改名为工程规划署，两者均简称WPA）。它在8年中兴建了125000幢公共设施，其中包括4万所学校、医院、体育馆、艺术馆等，还建造了65万多英里的公路、道路和街

道，修建了124000多座桥梁，8000多个公园。1943年6月，当WPA结束时，受雇工人达850万人。总之，罗斯福以工代赈的社会救济方式取得了巨大的效果。这个方式，不伤接受救济者的自尊心，使他们感觉到自己是自食其力，不是白吃救济，同时还创造了巨大的社会效益。

救济机构不仅为体力劳动者提供劳动机会，还为艺术家、音乐家、演员和作家提供帮助，让他们有创作和演出的机会。

这些人掀起了一阵"写美国、画美国"的民族主义思潮，也成了"新政"的积极鼓吹者。

在社会保险方面，罗斯福开始了他所津津乐道的"福利国家"的试验。他认为：一个政府"如果对老者和病人不能照顾，不能为壮者提供工作，不能把青年人注入工业体系之中……那就不是一个能够存在下去"的政府，社会保险应该负责"从摇篮到坟墓"的一生。

1935年的社会保险法分成三大部分：养老金制度、失业保险制度和对无助无靠者提供救济。保险金的来源，一半是由在职工人和雇主各交付相当工人工资1%的保险费，另一半由联邦政府拨付。

这个社会保险法，反映了广大劳动人民的强烈愿望，受到美国绝大多数人的欢迎和支持。但保守派却

←罗斯福签署新政

指责社会保险法违反美国一向珍视的"节俭精神、首创精神和自助精神",声称所有美国人不得不忍辱在自己脖子上挂一个印着社会保险号码的铜牌,就像挂块狗牌一样。国会中关于社会保险法的辩论十分激烈,共和党认为它是鼓励懒汉的法案。

在听证会上,甚至有人叫喊社会保险法案是"从《共产党宣言》第18页上逐字逐句抄来的"。可是,最后表决时,这个法案却以压倒多数获得通过:众议院372票比33票,参议院以76票比6票。人心所向,大势所趋,社会保险法成了"新政"的一次重大胜利。

这个法律一直延续到今天，范围也有所扩大，但是现在从工资中扣除的保险费已不是当年的1%，而是平均为工资的12%了。

接着，为了解决社会保险制度的联邦经费来源问题，罗斯福破天荒地实行了一种按收入和资产的多寡而征收的累进税。当然，和以往任何一项措施一样，都遭到了一部分人的反对。

在对外政策方面，主要是对拉丁美洲实行"睦邻政策"。罗斯福就职时宣布：美国将尊重自己，也尊重别人的权利。

1936年罗斯福亲自参加了在布宜诺斯艾利斯举行的美洲维护和平会议，他向与会各国保证：以互相尊重的精神，与拉丁美洲各国磋商西半球的防务和安全问题。

罗斯福的"睦邻政策"是在美国内政、外交遇到严重困难的情况下提出的，实际上是为了减少在国内实施"新政"的阻力，赢得更多的支持者。从根本上说，并未放弃"门罗主义"的原则，拉美作为美国后院的地位并没有改变。

但是罗斯福的政策缓和了美国与其他美洲国家的矛盾，在二战中建立起以泛美体系为基础的团结，铲除了希特勒在西半球兴风作浪的机会。

以上便是"新政"的主要方面，余不赘述。

"新政"的初效是什么？

"新政"的目的是什么？

"新政"的实质是什么？

"新政"是何时结束的？

罗斯福在"新政"第一阶段实施的复兴经济的一些计划和措施，成效卓著。它使美国资本主义制度度过了1929～1933年的大危机，使美国广大劳动人民从饥饿困顿的状态下解脱出来。

罗斯福赢得了民心，使民众四次把他推上总统的宝座。迄今为止，他是美国历史上唯一一位连选连任四届的总统。

1936年，总统大选在即。54岁高龄的罗斯福在6月27日晚上到富兰克林运动场，发表接受总统候选人的提名演说。雨一直淅淅沥沥地下个不停，他在儿子吉米的搀扶下，拖着僵直的腿，蹒跚地走上了讲台。

运动场上的10万名群众爆发出雷鸣般的欢呼。罗斯福在讲话中说："政府可能会犯错误，总统确实也会犯错误，但流芳百世的但丁告诉我们，神圣的司法会用不同的天平衡量冷酷的人的罪孽和热心肠的人的过失。"

在竞选期间，罗斯福走到哪里，都受到欢迎。群

众有的是为了感谢他拯救了一座农场或住宅，有的是为了感谢他使一座工厂重新开工，有的是为了感谢他成立工程兴办署，提供了就业机会。

有的说，就连老天爷也站在罗斯福一边，因为就在他到田地龟裂的中西部旱区的时候，天上竟然下起雨来。

在一次竞选演说中，罗斯福还以嘲讽的方式回敬右翼人士对他政策的攻击，他说："1933年夏天，有位戴丝绸帽子的老绅士在防波堤边失足落水，他不会游泳。

一位朋友跑下防波堤，跳进水里，把他救上来，但丝绸帽子被浪冲走了。老绅士苏醒过来后，千恩万谢。但是，三年后的今天，老绅士却因丢了帽子而斥责他的朋友。"

罗斯福10月14日在芝加哥发表的演说中，回答了"新政"的目的是什么。

他说："1932年接受提名时，工厂关闭，市场鸦雀无声，银行危若累卵，车船空荡无人。

1936年的此时此刻，工厂机器齐奏乐曲，市场一片繁荣，银行信用坚挺，车船满载客货往来奔驰。深思熟虑的本政府，承担了挽救企业，挽救私人企业和经济民主的美国制度的责任。"他宣布，新政"挽救了被拖到毁灭边缘的私人利润和自由企业制度"。

罗斯福这一娓娓动听的描述，说明他推行"新政"

的目的是挽救濒于崩溃的资本主义制度。从此意义上说，罗斯福达到了预定目标。

10月31日晚，罗斯福在麦迪逊广场发表了一篇激昂慷慨的演说后，结束了他的竞选活动。他的讲话使听众一次又一次地站起来鼓掌欢呼。

他说：他的"宿敌"就是"企业界和金融界垄断集团"，并说这些势力长期以来一直把美国政府看成是他们的封地。"我想说"，罗斯福进一步指出："在我领导的首届政府执政期间，这些自私自利、权欲熏心势力遇到了势均力敌的对手。"

听众纷纷站起来，整个公园响起了暴风雨般的掌声和欢呼声。

"我还想说——"这时又响起了一片欢呼声，他的

←麦迪逊广场的公共球馆

声音被淹没。

"请静一静!"罗斯福高喊,"我还想说:到我领导第二届政府的时候,这些势力将会遇到强手!"

选举结果,罗斯福大胜。

"新政"的实质是什么?

"新政"绝对不是社会主义,连最广泛意义的社会主义也不是。"新政"是一种社会改良措施,它根本不触及资本主义制度的基础。罗斯福自己说,他不是社会主义者,他也从来不想摧毁资本主义,但是他要改革它的一些弊端。

"新政"作为挽救1929～1933年资本主义经济大灾难的救急药方,具有时效性。

"新政"初期,鉴于稳定局势和复兴经济的客观需要,罗斯福是众望所归。一旦经济稍有好转,垄断资本家便先后起来反对"新政"。

1935～1936年,美国最高法院陆续宣布"新政"的法令违反宪法精神,应该废止。1937年,罗斯福再度担任总统后,"新政"已没有过去的锋芒。

1939年第二次世界大战爆发,罗斯福及其政府的注意力转到国际事务上。1941年,罗斯福公开宣布:停止实行"新政"。

这样,"新政"就"光荣退役"了。

相关链接
XIANGGUAN LIANJIE

蓝鹰运动

早在1918年，哥伦比亚特区通过了"最低工资法"。后特区儿童医院向最高法院上诉，认为这项法律侵犯了雇主的签约自由权，最高法院最终以5：3的表决结果宣布该法违宪。

1929年美国经济出现"大萧条"。一时间，财政金融一片混乱，工人罢工风起云涌，农民抗议此起彼伏，胡佛政府（1929～1933）仍然继续奉自由经济政策，并对美国的经济持续萧条仍然保持无比乐观，称美国的经济形势基本上是好的。尽管他也进行了一些改革，但是都无济于事，因为他始终拒绝政府进行干预政策、拒绝稳定股市的建议，否决国会的救济方案。美国人民的生活水平急剧下降，千百万饥寒交迫的人无处求助，胡佛仍然称美国经济没有毛病。引起了人民的普遍不满。愤怒的人们把胡佛作为嘲讽的对象，称他为"饥饿总统"。贫民窟、旧报纸、乞讨袋、破汽车被人们分别称为"胡佛村""胡佛被""胡佛

袋""胡佛车"。这位曾经深受欢迎的总统名声扫地，最终被人民遗弃。

1932年7月11日，民主党候选人富兰克林·罗斯福以绝对优势击败共和党候选人胡佛当选第32届总统。1933年3月4日，罗斯福宣誓就职，旋即着手新政，主要目标有三：救济、复兴和改革。史称"罗斯福新政"。

《工业复兴法》（National Industrial Recovery Act）是整个新政的核心和基础。该法规定了各企业的生产规模、价格水平、市场分配、工资水平和工作日时数，规定工人具有集体谈判的权利，规定了资本家必须接受的最高工作时数和应付工资额。

为保证《全国工业复兴法》的实施，政府以印第安人崇拜的神鸟蓝鹰为标记，发动了"人尽其职"的"蓝鹰运动"（Blue Eagle），凡遵守该法的企业悬挂蓝鹰标志。几周后，有250万雇主与政府签署了法规，他们给自己的产品标上蓝鹰，以示守法。

租借法案

> 成功的花，人们只惊羡它现时的明艳，然而当初的芽儿浸透了奋斗的泪泉，洒遍了牺牲的血雨。
>
> ——冰心

罗斯福是被美国国内的经济危机推上历史舞台的。但是树立他的世界性历史人物地位的，是他在反法西斯斗争中建立的功勋。

像任何一个有成就的人物一样，罗斯福也是在激流险滩、荆棘暗道中，困苦搏击，曲折周旋，最后才走上辉煌的。

实行"新政"期间，遭到了有形与无形的反"新政"联盟的各种攻击和咒骂，其中最令罗斯福不能忍受的是国内反对者们对他的恶毒指责：想当独裁者！面对政敌的攻击和相当多群众的误解，罗斯福的心像被钳子夹住似的，难受极了。他一面通过广播竭力向人民表白自己和说明事实真相，一面坚定不移地实施各种工作方案。

　　如果说，罗斯福在内政问题上忧心忡忡，阻力很大，但毕竟有广大群众支持，有资产阶级自由派支持。可是在外交方面，特别是在对待国际侵略势力问题上，他的手脚却被国会内外的孤立派和存在于广大群众中的和平主义情绪捆住了。和平主义与孤立主义不是一回事，可是和平主义情绪是孤立主义的广泛基础。罗斯福对孤立主义的斗争，比对"新政"反对派的斗争艰苦得多，而转变广大群众的和平主义情绪，则更要有耐心。

　　美国的孤立主义是以中立主义的形式诞生的。早在美国第一任总统、开国元勋华盛顿时期，中立主义的种子便撒进了美国外交政策的土壤。

　　1793 年 1 月，英、法两个老牌的资本主义国家大打出手，远隔重洋的美国总统华盛顿便于 1793 年 4 月发布了《中立宣言》，宣布对交战双方"诚心诚意地"采取"友好和不偏不倚"的政策，严禁美国人以任何形式参与、帮助或支持交战双方的活动。1796 年 9 月，华盛顿在离任时发表的著名的《告别辞》中，仍念念不忘地告诫美国人："我们对待外国的重大的行为准则是，在扩大我们的商务关系的同时，尽可能少与它们发生政治关系。"他反对把美国的"命运与欧洲任何一部分的命运纠缠在一起，以致使我们的和平与繁荣卷入欧洲的野心争夺、利益、情绪或反复无常的罗网中去"

"正确的政策是避免与国外世界的任何一部分结盟"。

　　华盛顿关于中立主义的遗训，像神符妙药一般被美国所膜拜珍藏，以至于使中立主义变成了孤立主义。从美国建国之初到第二次世界大战爆发后，孤立主义一直主宰着美国的外交政策。第一次世界大战时的美国总统威尔逊，殚精竭虑所制订的国际联盟盟约，就是因为违背华盛顿关于避免卷入与其他国家实行联盟的告诫，而痛心地流产了，他本人也在1920年的总统竞选中被选民掀下马来。

　　孤立主义就像一条绳索一样捆绑在每一位总统的身上，要想挣脱它的束缚，谈何容易？

　　罗斯福既是一个改革者又是一个识时务者。他虽然对孤立主义这种已不适合时代变化的外交战略思想心存疑虑和不安，但他也深知不择时机而去撞开这道大门是要头破血流的。因此，罗斯福表现得小心谨慎，他毕竟是以战胜危机、恢复经济的"新政"为口号当选的，国内政策是他第一任期施政的重点。他不能在外交政策上使他的国内政策和政治希望遭到破坏。事实上，经济大危机使他必须集中力量应付国内问题。在对外政策方面，国会外的和平主义情绪，国会内的孤立派的压力，使他受到钳制和掣肘，没有多大的回旋余地。他在第一个任期中，在一些重大的国际活动

中，尽量不与孤立派迎头相撞，甚至有些场合还迎合孤立派的要求。例如，1935年8月31日，他签署了国会制定的对交战国实行武器禁运的1935年中立法。为了抚慰孤立派，他在1935年10月的一次演说中，郑重其事地宣布："不管海外的各个大陆发生什么事情，美国仍将而且必须不卷入其中，保持行动自由，这是很久以前我们的国父所祈愿我们保持的。"

然而，国会在孤立主义的道路上滑行得越来越远。1935年中立法期满之后，又制定了禁止向交战国贷款的1936年中立法。1937年中立法则规定不准美国船只航行到交战区，不准武装美国商船，对交战国实行非军火贸易的现购自运原则。在德国纳粹头目、战争恶魔希特勒磨刀霍霍、耀武扬威之际，美国的孤立主义只能是纵容法西斯势力的绥靖主义变种。罗斯福预感到了灾祸的降临，他为自己处处受到弥漫着孤立主义情绪的国会所束缚而愤慨、烦躁。他诅咒中立法，认为"如果德国侵犯一个国家，宣布战争，我们应用这项法律，那就只有站在希特勒一边"。

1937年，新的世界大战的阴影已经投射在地球上。20年前使美国卷入欧洲战争的过程和教训，如同梦魇一样压在美国人心头。在新的一代美国人中，反对卷入战争的和平主义情绪尤为强烈。这就是20世纪30年代在制定美国外交政策上举足轻重的国会孤立派的群众基础。30年代美国孤立主义的外交政策纲领，概括起来就是反对与欧洲结盟、反对干预其他大陆的战争。孤立主义在全国各地都有强大的势力。当广大群众没有做好精神准备，没有从传统观念中解脱出来，也还没有正确权衡与自己攸关的利害时，而去采取某种重大的行动，这在政治上是致命的。罗斯福对十多年前威尔逊的失败仍然记忆犹新。

作为一位高瞻远瞩的政治家，罗斯福深知孤立主义最终会使美国跌入深渊。可是国会和广大民众却无动于衷，这使罗斯福非常焦躁和不安。他说："你一心想带领人们前进，可是转过身一看，没有一个人跟着，这真可怕。"国会孤立派的狭隘眼界和民众的麻木不仁，就像一块巨石紧紧地压在罗斯福的心头之上，简直令他喘不过气来。

1937年7月7日，"卢沟桥事变"爆发，日本军国主义者发动了蓄谋已久的全面侵华战争。1937年12月12日，停泊在中国南京江面的美国炮舰帕莱号被日机炸沉，死伤32人。罗斯福趁机提出扩充海军军备、准备两洋作战的主张。经过长期激烈的辩论，国会终于在1938年5月17日通过了《文森海军扩军法》，基本上满足了罗斯福的要求，建造24艘主力舰只和相应增加小型舰只。

　　在国会进行旷日持久的关于扩建海军的辩论的同时，罗斯福"明修栈道，暗度陈仓"，极其秘密地为英法购买军火提供帮助和便利。

　　可是事有不巧，1939年1月在洛杉矶附近，一架美国新式轰炸机在试飞中坠毁，残骸中发现了一名法国中尉飞行员的尸体，他是来了解美国新武器情况的。这一意外事件泄露了英法向美国购买武器装备的内情，孤立派大哗。他们指责罗斯福违反中立法精神，推行"他自己的私人外交"，背离华盛顿明确立下的原则，使美国"落入欧洲人的圈套中"。罗斯福为了平息孤立派的吵嚷，分别请一些参议员到白宫进行私下长谈。一个参议员对新闻记者透露，罗斯福曾表示"美国的边疆在莱茵河"。孤立派大怒。罗斯福也大为光火，斥责此消息"荒谬绝伦"，是某些"蠢人"的捏造。

　　1938年9月，英法屈从希特勒的压力，听任捷克斯洛伐克被肢解。罗斯福凭着其敏锐的政治嗅觉和全球眼光意识到了事态的严重性。展现在面前的是这样一幅世界图景：奥地利被希特勒兼并了，捷克斯洛伐

→卢沟桥事变

克被希特勒肢解了，中欧和东欧实际上已经成了法西斯德国的势力范围；日本正进行着侵略中国的大规模战争，并在太平洋上蠢蠢欲动，同西方的德国、意大利遥相呼应。美国在东西方的利益都受到严重挑战。

1939年4月15日，罗斯福向德国的希特勒和意大利的墨索里尼发出信件，要求他们不对31个国家发动侵略。结果遭到了狂妄的希特勒的大肆讥笑和嘲弄。罗斯福深为自己书生气十足而感到无地自容。看来，不去掉中立法这个紧箍咒，美国是不会有什么令人敬佩的大动作的。罗斯福奋力同孤立主义逆流苦战，敦促国会修改中立法，以废除其中关于军火禁运条款。

1939年9月1日，第二次世界大战在欧洲爆发，炮声如雷，血光四溅，浓烟滚滚。罗斯福在9月21日国会特别会议上，强烈要求国会废除中立法中的禁运条款。他在致辞中回顾了18世纪末美国在拿破仑战争中所持

的立场。他说，为了避免卷入，美国许多年是根据"禁运和不交往法"行动的。可是，这一政策是一场灾难性的失败，使美国接近毁灭。它成了美国在1812年的反英战争中积极卷入欧洲战争的一个重要因素。罗斯福对国会说："这只不过是引用历史来提醒诸位，禁运和不交往政策的结果之一，就是我们今天在此集会的首都在1814年遭到过部分焚毁。"他谈到作为1937年中立法原型的1935年中立法时说："我对国会通过此法表示遗憾，我同样对我签署此法感到遗憾。"罗斯福苦口婆心地告诉国会，把军用物资送过大西洋，可以给美国成千上万人以就业机会，而且有利于美国本身的国防建设。

　　他指出：援助英国就是帮助自己。会上国际派与孤立派展开了激烈的辩论。民意测验表明，赞成废除禁运条款的人已占多数。参议院在10月27日以63票比30票、众议院在11月2日以243票比181票通过了

←二战飞机

→ 二战纪念碑

废除武器禁运条款，但仍保留"现购自运"的规定，即美国不给予贷款，也不得用美国船装运，一切由对方现金购买，运输自理。罗斯福终于打开了孤立主义的一扇窗户，在1939年11月4日签署了这个经过修改的"新中立法"。

1940年是美国总统选举年。罗斯福的第二届任期将在这一年过后不久届满。

他是否要打破惯例，争取第三次连任，不但成了美国各阶层人民热烈讨论的话题，也是世界各方瞩目的大事。罗斯福不愧为探测把握民意动向的高手，他在竞选期间已看出美国舆情正随着欧洲战事而发生变化。这个变化是从1940年6月法国向希特勒屈辱投降开始的。美国民众的情绪一夜之间发生了转变。在时报广场，人们目瞪口呆地默默凝视时报大楼的新闻，甚至连国会中一些孤立派的头头，在铁的事实面前也不得不重新调整自己的思路。罗斯福重视而且很精于观察和掌握舆情的变化。1940年9月2日，他绕开国会，以行政命令决定将50艘"逾龄"的旧驱逐舰转让给英国，交换"租用"纽芬兰、百慕大群岛、巴哈马群岛、牙买加、安提瓜、圣卢西亚、特立尼达和英属圭亚那等8个英国海空军基地99年。在临近投票前的几次演说中，他摸准舆论脉搏，对已是强弩之末的孤立主义采取了进攻的姿态。选举结果，罗斯福以票数的绝对优势战胜竞选对手共和党人威尔基，第三次连任美国总统。这样，世界命运之舟众多纤绳中的一条将由他执掌了。

如果说在一年多前，罗斯福为"新中立法"的制定曾费尽了口舌，那么关于《租借法》的签订，则是他在美国参战以前对孤立主义的一场硬仗。1940年底，英国几乎到了山穷水尽的地步，军火要靠美国，可是既无钱买，又无船运。丘吉尔向罗斯福连连告急。第三次当选总统的罗斯福此时声望正隆。他权衡局势，觉得现在是加紧援助英国的大好时机。他想出了一着妙棋——租借武器，这既可使美国大享反法西斯有功之名，又毫无经济损失。可是，要彻底说服孤立主义者及受蒙惑的群众，支持他这样做并非易事。1940年12月17日，苦心孤诣的罗斯福在记者招待会上，发表了他那著名的"出借水龙带"的演说。他对美国人民说："假设我的邻居失火，在四五百英尺以外，我有一截浇园的水龙带，要是让邻居拿去接上水龙头，我就可能帮他把火灭掉。我怎么办呢？我总不能在救火之前就对他说，'朋友，这条管子我花了15美元，你得照价付钱。'那么我该怎么办呢？我不要15元，我要他在灭火之后还我水龙带，就是这样。要是火灭了，

水龙带还是好好的，没有损坏，那他就会连声致谢，原物奉还。但是，假设它被弄坏了——搞了些窟窿；我们也不必讲客套，就对他说：'我很高兴地借给你这条水龙带，现在它被弄坏了，不能再用。'他说：'一共多少英尺？'我告诉他：'150英尺。'他说，'好，我照赔无误。'现在如果我拿回来的是一条可用的浇园水管，我就不吃亏。"

接着，罗斯福言归正传："换句话说，如果你借出一定数量的武器，在战后得到归还，如果军火完好如初，没有损坏，你就不吃亏；如果它们损坏了，或者陈旧了，或者干脆丢失了，只要借的人认赔，在我看来，你就没有吃亏。"这样一个再也明显不过的道理，却也没能完全打动孤立主义者的心。孤立派参议员范登堡说："出借武器就像出借口香糖一样，你就甭想再收回来。"另一个一贯反对罗斯福政策的参议员惠勒危言耸听地吓唬美国人民说，实施《租借法》就意味着"每4个美国青年中有1个要送掉性命"。气得罗斯福尖刻地指斥惠勒说："在我这一代，这是公务生活中说

← 欧洲战场参战接近尾声

得最不像话的一句话。"

四天以后，罗斯福将租借法案提交国会讨论。国会内外相呼应，辩论异常激烈。正反双方都意识到，如果批准这项法案，那就意味美国从一个慎重的中立国变成一个活跃的非交战国。

尽管孤立主义者用各种方式进行阻挠，但岌岌可危的英国处境，表明了西半球已难隔岸观火，大洋已非美国的可靠屏障。在罗斯福一再警告下，民意测验显示，72%的人支持这个法案。经过两个月的辩论，国会以压倒多数通过了租借法案。1941 年 3 月 11 日，罗斯福将它签署生效。

《租借法》的签订与实施，对世界反法西斯战争具有很大的积极作用。它不仅支持了英国抗德战争，而且在以后，还支持了苏联的反法西斯卫国战争。斯大林在 1945 年 6 月 13 日对《租借法》作了很高评价："根据这一协定，美国在整个欧战期间作为租借向苏联提供了武器、战略物资和粮食。这一协定起了重要的作用，并大大促进了反对共同的敌人——希特勒德国的战争顺利结束。"

到第二次世界大战结束时，美国向盟国提供了价值大约 500 亿美元的物资和劳务，为世界反法西斯同盟做出了巨大的贡献。

相关链接

XIANGGUAN LIANJIE

第二次世界大战及主要事件

第二次世界大战（World War II，简称二战）。1939年9月1日—1945年9月2日，以德国、意大利、日本法西斯轴心国（及芬兰、匈牙利、罗马尼亚等国）为一方，以反法西斯同盟和全世界反法西斯力量为另一方进行的第二次全球规模的战争。从欧洲到亚洲，从大西洋到太平洋，先后有61个国家和地区、20亿以上的人口被卷入战争，作战区域面积2200万平方千米。据不完全统计，战争中军民共伤亡9000余万人，4万多亿美元付诸流水。第二次世界大战最后以美国、苏联、中国、英国等反法西斯国家和世界人民战胜法西斯侵略者赢得世界和平与进步而告终。

1939年9月1日，德国进攻波兰。9月3日，英国和法国对德国宣战。9月5日，美国发表《中立宣言》，第二次世界大战正式爆发。

1940年，德国发动"闪电"攻势（称"白色闪电"。4月9日攻占丹麦和挪威，5月10日攻占荷兰、比利时、卢森堡、随后进攻法国）。

1940年5月10日，德军决定采用"曼斯坦因计划"完成了对丹麦、挪威、荷兰、比利时、卢森堡、波兰、法国等西欧国家的侵略。

为了接着征服苏联，希特勒策划了《德意日三国同盟条约》，1940年9月7日在柏林签订完毕。

1940年6月10日，意大利向英国和法国宣战，战火烧到了地中海和非洲。

1940年6月22日，德军发起总攻，法国投降。

1940年7月16日，希特勒发出了关于入侵英国的训令（海狮计划）。1940年8月，德国航空兵开始对英国城市进行密集突击。

1941年6月22日，德国撕毁条约入侵苏联，苏德战争爆发。

1941年9月30日，德军进攻莫斯科，即莫斯科保卫战。德军莫斯科战役的失败，为斯大林格勒战役即二战转折奠定了基础。

1941年12月7日，日本偷袭珍珠港，太平洋战争爆发。次日下午，美国对日宣战，还有其他20多个国家同时对日宣战，第二次世界大战全面爆发。

　　1942年1月1日，签署了《联合国家宣言》的有美利坚合众国、大不列颠及北爱尔兰联合王国、苏维埃社会主义共和国联盟、中华民国、澳大利亚、比利时、加拿大、哥斯达黎加、古巴、捷克斯洛伐克、多米尼加共和国、萨尔瓦多、希腊、危地马拉、海地、洪都拉斯、印度、卢森堡、荷兰、新西兰、尼加拉瓜、挪威、巴拿马、波兰、南非联邦和南斯拉夫，反法西斯统一战线最终形成。

　　1942年7月17日，斯大林格勒战役爆发，成为二战转折点。

　　1944年6月6日，诺曼底登陆，德国全面溃败。

　　1945年2月，美国、英国、苏联三国首脑在苏联雅尔塔召开会议。会议决定打败德国后，要对德国进行军事占领，彻底消灭德国的法西斯主义，同时，还决定成立联合国。苏联承诺在德国投降后3个月内，参加对日本法西斯的战争。

　　1943年9月8日，意大利无条件投降。

　　1945年5月8日，德国无条件投降。

　　1945年8月6日，美国投掷原子弹轰炸日本广岛，24.5万人口中死亡和失踪人数达71379人，受伤人数近10万。

1945年8月8日，苏联对日宣战。

1945年8月9日，美国投掷原子弹轰炸日本长崎，23万人口中的约14.8万伤亡和失踪。

1945年8月15日，日本无条件投降。

1945年9月2日，日本政府代表在美国战舰"密苏里"号的甲板上签署无条件投降书。

至此，第二次世界大战结束。

第二次世界大战中的
自行火炮
（上）

对日宣战

首脑必不可少的是忍耐。

——皮特

世事的起伏本来是波浪式的，人们若是能够趁着高潮一往直前，一定可功成名就……

——莎士比亚

《租借法》的通过和实施，标志着罗斯福在反法西斯斗争中跨出了一大步。但要真正冲破国内孤立主义的樊篱，使美国参战还需作艰苦的努力。

由于美国运输船罗宾·摩尔号从纽约到开普敦途中，被德潜艇击沉，罗斯福于1941年5月27日宣布美国处于"国家紧急状态中"。他在对全国的广播讲话中，继续对《租借法》进行有力的辩护，指出："我们提供的每一美元的物资，都有助于防止独裁者出现于我们自己这个半球。"他坦率地承认美国"在这项援助上从不掩饰我们自身的利益"，他是"为了自己，也为了英国和中国——最后更为了所有的民主国家"。

罗斯福在讲话中，再次把英国和中国的作用并列指出，要美国人民注意这样一个事实："希特勒征服世界的计划本来今天已经接近完成，如果不是由于两个因素：一个是英国……进行着英勇的抵抗；另一个是中国宏伟的防御战，而我有理由相信它还会加强。"最后，罗斯福以强硬的语言宣布：

　　我们正在把我们的武装力量置于战略性军事地位。

　　我们不会对使用我们的武装力量去打退进攻有所迟疑……我已在今天晚上发表公告，宣布全国处于非常状态，并且要求竭尽我们国力和授权的最大限度去增强我们的防务。

　　1941年9月4日，美国驱逐舰格里尔号遭到德国潜艇的攻击（未击中），这是美国军舰第一次遭到德国潜艇的攻击（以前都是商船）。罗斯福抓住这一时机，下令美国军舰对德国的潜艇"看见了就打"。3天后，又下令对北美到冰岛航线上的船只进行全面护航。德国与美国在大西洋开始了未经宣战的战争。

　　护航行动开始后，大西洋上的射击战连续发生。1941年9月19日，在巴拿马注册的美国商船平克斯塔号在冰岛西南被击沉。为了适应严峻的战争形势，罗

斯福为此要求修改1939年中立法。经过近一个月的辩论，国会通过了再次修改的中立法，取消禁止武装商船和关于美船不得进入战区和交战国港口的规定。

从1939年修改中立法到1941年再次修改中立法，经历了这样一个过程：先是美国卖武器，让英国自己打；接着是美国"租借"武器，还是要英国自己打；第三阶段是美国出动军舰开始用美国船装运美国武器让英国去打。

总之，由于孤立主义的羁绊，美国与亲自参战始终保持一定距离。直到珍珠港事件的发生，罗斯福才感到如释重负，长长地嘘了一口气。

日本偷袭珍珠港，以无可争辩的事实，冲破了美

→ 珍珠港事件

国孤立主义的最后防线。罗斯福百感交集，响当当地向日本宣了战，从而成为世界和平的保卫者。

1941年12月7日，日本偷袭了美国太平洋海军基地——珍珠港，太平洋战争爆发。

在短短两小时零四分钟的袭击中，美国19艘大型舰只（包括8艘战斗舰）被击沉、击毁，150架飞机被炸毁于地面，美军官兵死2409人，伤1778人，平民死68人，致使美国太平洋舰队几乎全军覆没。而日本付出的代价仅为损失飞机29架和袖珍潜艇5艘。根据日方的材料，日本参与袭击的381架飞机中，损失的飞机不到20架。

消息传来，犹如一声晴天霹雳，令美国朝野上下

为之惊骇，整个世界也为之一震。白宫内外一片紧张
气氛。大堆的人聚集在白宫铁栏杆外面等候消息。只
有罗斯福沉着冷静。他在接到海军部长诺克斯打来的
电话时，表情严肃，但看起来又像是沉压心头已久的
石头落了地一般。

此时此刻，英国首相丘吉尔也许是世界上最开心
的人了。

他从大西洋彼岸打来了电话："总统先生，日本人
是怎么回事？"罗斯福回答道："他们在珍珠港揍了我
们。现在我们是风雨同舟了。"丘吉尔欣喜若狂。

他为了把美国拖进战争，费尽心机，任凭他老谋
深算，却无法让罗斯福下此决心，美国的舆情民意也

不容许罗斯福下此决心。现在日本帮了大忙。他兴奋得来不及等美国国会宣战，竟让英国议会抢先几小时向日本宣了战。

对日本偷袭珍珠港最为关注的要数日本帝国海军联合舰队司令官山本五十六了。此项作战计划是他在1月28日作出的。当他收到"虎!虎!虎!"信号时，为袭击成功而高兴得满脸发红。与此同时，他的全身不禁战栗了一下。他的心中十分清楚：日本在战术袭击上成功了，战略上却失败了，因为从此再也不存在孤立主义的美国了！

"珍珠港事件"发生后的第二天上午，罗斯福身披蓝色海军斗篷，乘车来到国会大厦。他以严峻庄重的表情、精练质朴的语言、饱含愤慨的声调和无以辩驳的事实，发表了以《一个遗臭万年的日子》为题的演说：

副总统先生、议长先生、参众两院各位议员：

昨天，1941年12月7日——一个遗臭万年的日子——美利坚合众国遭到了日本帝国海空军部队突然和蓄谋的进攻。

合众国当时同该国处于和平状态，而且，根据日本的请求，当时仍在同该国政府和该国

天皇进行着对话，对于维持太平洋的和平有所期待。实际上，就在日本空军中队已经开始轰炸美国瓦胡岛之后一小时，日本驻合众国大使及其同事还向我们国务卿提交了对美国最近致日方的信函的正式答复。虽然复函声明继续进行外交谈判似已无用，它并未包含有战争或武装进攻的威胁或暗示。

应该记录在案的是：由于夏威夷同日本的距离，这次进攻显然是许多天乃至若干星期以前就已蓄意进行了策划的。在策划的过程之中，日本政府通过虚伪的声明和表示希望维系和平而蓄意对合众国进行了欺骗。

昨天对夏威夷群岛的进攻，给美国海陆军部队造成了严重的损害。我遗憾地告诉各位，很多美国人丧失了生命。此外，据报，美国船只在旧金山和火奴鲁鲁之间的公海上也遭到了鱼雷袭击。

昨天，日本政府已发动了对马来西亚的进攻；

昨夜，日本军队进攻了香港；

昨夜，日本军队进攻了关岛；

昨夜，日本军队进攻了菲律宾群岛；

←珍珠港事件

昨夜，日本人进攻了威克岛；

今晨，日本人进攻了中途岛；

因此，日本在整个太平洋区域采取了突然的攻势。昨天和今天的事实不言自明。合众国的人民已经形成了自己的见解，并且十分清楚这关系到我们国家的安全和生存的本身。

作为陆海军总司令，我已指示，为了我们的防务采取一切措施。但是，我们整个国家都将永远记住这次对于我们进攻的性质。

不论要用多长的时间才能战胜这次预谋的入侵，美国人民以自己的正义力量一定要赢得

绝对的胜利。

我现在断言，我们不仅要做出最大的努力来保卫我们自己，我们还将确保这种形式的背信弃义永远不会再危及我们。我这样说，相信是表达了国会和人民的意志。敌对行动已经存在。毋庸讳言，我国人民，我国领土和我国利益都处于严重危险之中。

信赖我们的武装部队——依靠我国人民的坚定决心——我们将取得必然的胜利——上帝助我!

我要求国会宣布：自1941年12月7日——星期日，日本进行无缘无故和卑鄙怯懦的进攻时起，合众国和日本帝国之间已处于战争状态。

国会批准了罗斯福的请求。12月8日，美国正式向日本宣战。1942年4月18日，罗斯福为报珍珠港之仇，批准美国空军突袭东京。这是日本人万万没有想到的。

这次空袭摧毁了东京90座建筑物，虽然就物质而言，代价不大，但对这个世世代代以为日本本土不会遭到攻击的民族，在心理上引起了难以言状的震动。空袭东京的成功，使"珍珠港事件"以来感到颓丧的美军士气为之一振。

1942年5～6月，日本帝国海军联合舰队司令官山本五十六，为了打垮美国舰队，出动了联合舰队的全部主力，舰艇350艘，飞机1000架，官兵10万人，向美国海、空军的重要基地——中途岛，发动了空前规模的进攻战役。5月20日，美方截获了日方发出的只提到"AF"的一封密电，罗斯福相当肯定地认为"AF"代表的就是中途岛，并下令做好一切作战准备。中途岛战役，日军惨败。在这次战役中，日军丧失了4艘航空母舰和大部分舰上飞机及飞行人员，从而也便丧失了制海权和制空权。

中途岛战役，可以说是太平洋战争的转折点。

相关链接
XIANGGUAN LIANJIE

珍珠港事件及背景

　　偷袭珍珠港是指由日本政府策划的一起偷袭美国军事基地的事件。1941年12月7日清晨，日本海军的航空母舰舰载飞机和微型潜艇突然袭击美国海军太平洋舰队在夏威夷基地珍珠港以及美国陆军和海军在欧胡岛上飞机场的事件。太平洋战争由此爆发。这次袭击最终将美国卷入第二次世界大战，它是继19世纪中墨西哥战争后第一次另一个国家对美国领土的攻击。这个事件也被称为珍珠港事件或奇袭珍珠港。

　　日本从1941年开始向东南亚的发展引起了这个地区主要强国的不安，为了给日本一点颜色，美国冻结了对日本的经济贸易，其中重要的是高辛烷石油，没有石油的日本飞机无法升天，舰艇无法在海中行驶，日本就无法继续对外扩张。

　　加上日本的石油只能维持半年的时间，日本明白，要么从中国撤兵，停止对外扩张，外交上向美国靠拢。要么自组旗帜，南下夺取战略资源，继续加强对外侵略。南洋有美国、英国、荷兰的殖民地，进军南洋就等于向美英两国宣战。

太平洋上的珍珠港是交通的主要枢纽，夏威夷东距美国西海岸，西距日本，西南到诸岛群，北到阿拉斯加和白令海峡，都在2000海里到3000海里之间，跨越太平洋南来北往的飞机，都以夏威夷为中续站。日本认为先在太平洋上夺取制空制海权就意味着南下的道路畅通无阻，必须先摧毁珍珠港，于是日本策划了珍珠港突袭。

日本政府决定占据东南亚的资源作为对禁运的回答。他们不能假设，假如他们开始行动了，美国会在一旁袖手旁观？这是山本五十六考虑事前消灭美国在太平洋力量的原因。日本联合舰队司令山本五十六袭击珍珠港的海军基地的计划是实现这个战略目的中的一个战术步骤。日本资料显示山本于1941年初开始考虑袭击珍珠港。数月后，在做了一些预先考察后，他被批准开始准备这个行动。日本海军内部有强烈反对这样一个行动的力量。山本威胁，假如这个行动被中止的话，他将引退。1941年夏，在一次由日本天皇出席的御前会议上，这个行动正式被批准。11月，在另

一次天皇出席的御前会议上，出兵太平洋的决定被批准。在11月的会议上还决定，只有在美国完全同意日本主要要求的情况下才放弃这次行动。

袭击珍珠港的目的是（至少暂时）消灭美国海军在太平洋上的主力。袭击珍珠港计划的策划者山本五十六本人认为一次成功的袭击只能带来一年左右的战略优势。从1931年开始日本与中国交战，此前日本占领了满洲。从1941年1月日本开始计划袭击珍珠港以取得战略优势，经过一些海军内部的讨论和争执后从年中开始日本海军开始为这次行动进行严格的训练。

日本计划的一部分是在袭击前中止与美国的协商。到12月7日为止，日本驻华盛顿大使中的外交官一直在与美国外交部进行很广泛的讨论，包括美国对日本在1941年夏入侵东南亚的反应。袭击前日本大使从日本外交部获得了一封很长的电报，并受令在袭击前（华盛顿时间下午一时）将它递交国务卿康德尔·赫尔。但大使人员未能及时解码和打印这篇很长的国书。最后这篇宣战书在袭击后才递交给美国。这个延迟增加了美国对这次袭击的愤怒，它是罗斯福总统将这天称为

"一个无耻的日子"的主要原因。山本上将似乎同意这个观点。在日美合拍的电影《虎！虎！虎！》中他被引用说："我恐怕我们将一个沉睡的巨人唤醒了，现在他充满了愤怒。"（这句话山本本人可能从未说过，即使如此他似乎的确如此感觉）。

实际上这篇国书在日本递交美国前就已经被美国解码了。乔治·卡特利特·马歇尔在读过这篇国书后立刻向夏威夷发送了一张紧急警告，但由于美军内部传送系统的混乱这篇电报不得不通过民用电信局来传达。在路上它失去了它的"紧急"标志。袭击数小时后一个年轻的日裔美国邮递员将这张电报送到美军司令部。

在1940年的一次春季演习中，当山本看到航空兵在训练中取得理想成绩时，对他的参谋长说："训练很成功，我想进攻夏威夷是可能的。"从这时候起，山本就着手设想珍珠港之战了。他以东乡平八郎的一举成功的战略思想为基础，认为要与实力雄厚的美、英开战稳操胜券，必须突然袭击，先发制人，开战之初就使对方崩溃。偷袭珍珠港的大胆设想的出笼，正是山本战略思想的必然产物。

苦操樽俎

> 国家没有永久的朋友，也没有永久的敌人，只有永久的利益。
>
> ——帕麦斯顿

罗斯福上台初始，因内政问题的困扰而无暇东顾，在外交上就显得贫乏无力。大西洋彼岸，在他本人进入白宫前一个多月，希特勒当上了德国总理。

在太平洋这边，日本军国主义侵略铁蹄从中国的松花江踏进了吴淞口。面对如此严峻的国际形势，罗斯福焦虑不安。

然而由于孤立主义的束缚，使他难以采取主动行动对国际局势施加影响。

在对欧政策上，罗斯福只能用"我憎恨战争"的表态来满足孤立派的愿望和赢得一般老百姓的喝彩，又用"警惕地注视"这种模糊不清的宣言来抚慰自由派。

在远东，除了"不承认"原则外，没有拿出一点罗斯福自己的东西来。1937年，在"新政"已收到一

些成效的情况下，罗斯福的注意力才开始更多地转到外交事务上，对日政策也开始增添了他本人的色彩——想给日本军国主义这匹野马套上缰绳。但是由于孤立派等势力的掣肘，使他往往力不从心。

1940年，面对日本军国主义的咄咄逼人的攻势，罗斯福采取警告性的零敲碎打的禁运和有限的军力示威等措施，当然不能使日本止步。

直到日本飞机奔袭3000海里直捣珍珠港，使"价值几十亿美元的美国拳头"——太平洋舰队灰飞烟灭时，罗斯福才挣脱了孤立主义的纠缠而走上了世界舞台的中心。为了反法西斯战争的胜利，他苦操樽俎，开创了具有独特魅力的首脑外交之先河。

在"珍珠港事件"爆发前四个月，罗斯福就以美国总统的身份，第一次远离本土，乘坐军舰秘密地与英国领导人丘吉尔在纽芬兰的阿金夏半岛的洋面上举行会晤，史称"大西洋会议"。

具体时间是1941年8月9～12日。在这次会议上，美英两国首脑都同意尽快对苏联提供军事援助。在欧洲"维持苏联打下去"，在亚洲"维持中国打下去"，事实上这是罗斯福在第二次世界大战时期的基本方针。

早在1941年5月6日，罗斯福就宣布了中国适用《租借法》的援助条款。在1941年11月7日，罗斯福又宣布《租借法》也适用于苏联。大西洋会议的一个突出成果是《大西洋宪章》的发布。这个宪章本身只是陈述美英两国的和平宗旨的一个联合宣言，但它为促进国际反法西斯联盟建立起了基础作用。

太平洋战争爆发、美国正式参战后，世界形势的发展，要求各国政府必须共同合作，才能制止法西斯的疯狂侵略。正在对轴心国作战的美英苏中等26个国家的代表，于1942年1月1日在华盛顿签署了共同反对法西斯的《联合国家宣言》。

《宣言》的签字国政府，在宣言中表示赞同美英两国首脑所宣布的《大西洋宪章》的宗旨和原则。《联合国家宣言》的发表，标志着国际反法西斯联盟的诞生。

　　罗斯福在1943年1月在摩洛哥的卡萨布兰卡与丘吉尔会谈后，宣布了轴心国必须无条件投降的原则，使法西斯国家妄想分化离间盟国的阴谋遭到沉重的打击。

　　1943年11月22～26日，12月2～7日，罗斯福、丘吉尔和蒋介石在开罗分两段举行三国会议。

　　这是蒋介石首次参加的大国首脑会议，它对中国抗战具有积极意义。

　　1943年11月28日至12月1日在德黑兰举行了美英苏三国首脑会议，这是罗斯福第一次会见斯大林。斯大林为了使罗斯福的安全不至于在乱糟糟的德黑兰受到威胁，友好地建议他移居苏联大使馆内，并把自己住的大套间让给罗斯福，而自己住小套间。斯大林前来拜访时，罗斯福故意不让美方翻译在场，以表示对斯大林的信任。

　　他握着斯大林的手说："见到你，我很高兴。我早就想同你见面了。"斯大林说由于军务繁忙，迟迟未能如愿，感到抱歉。

　　由于丘吉尔和斯大林之间有些隔阂，罗斯福便充当二者之间的缓冲角色。

　　罗斯福、丘吉尔同斯大林能够建立起合作关系，罗斯福从中起了积极作用。他在各种场合一再表示，

盟国的团结是战胜法西斯的根本保证。

当然，这并不是说罗斯福与盟国领袖之间不存在矛盾。譬如罗斯福与丘吉尔在大英帝国前途问题上，就有尖锐分歧。

罗斯福说战后殖民帝国的瓦解是不可避免的，他主张让印度早日独立，以利对日战争；丘吉尔气冲冲地回答说："美国总统突然对印度事务发生兴趣，英国首相一点也不感激。"

这里体现了罗斯福力图削弱当时唯一具有竞争实力的英国，以便确立美国世界第一大国的地位，充分实现美国的利益。这是两个资本主义大国之间矛盾的反映。

→丘吉尔、罗斯福和斯大林

罗斯福与斯大林之间建立了战时友谊。世界上实力最强的资本主义国家的首脑与世界上第一个社会主义国家的领导人，为了反法西斯的共同目的走到了一起。虽然在罗斯福眼里，社会主义苏联和法西斯德国，都是独裁国家，但不同的是希特勒的侵略政策直接危及了美国的最大利益。

罗斯福是坚决主张援助苏联的。动机是什么？那就是让苏联庞大的陆军能够顶住德国人，这样就可使美国参战主要限于海军和空军方面，既减轻了美国的压力又少受损失。尽管罗斯福有这样那样的打算，但是他坚持认为当前大敌是德意日，盟国内部的矛盾和纠纷，不能干扰总的作战目标。

当大战期间盟国之间在政治上和战略上的分歧不时有所暴露时，罗斯福起了黏合剂和缓冲器的作用，功不可没。

相关链接
XIANGGUAN LIANJIE

联合国常识

联合国是一个由主权国家组成的国际组织。在 1945 年 10 月 24 日在美国加州旧金山签订生效的《联合国宪章》标志着联合国正式成立。

在第二次世界大战前，存在着一个类似于联合国的组织国际联盟，通常可以认为是联合国的前身。联合国对所有接受《联合国宪章》义务以及履行这些义务的"热爱和平的国家"开放。

到 2008 年为止，联合国共有 192 个成员国。

现任联合国秘书长：潘基文（1944 年 6 月 13 日出生于韩国，前大韩民国外交通商部长官）。

成立日期 1945 年 10 月 24 日。

工作语言 阿拉伯语、汉语、英语、法语、俄语、西班牙语。

联合国大会总部所在地 美国纽约、瑞士日内瓦、奥地利维也纳、肯尼亚内罗毕。

主要出版物 《联合国记事》(U.N. Chronicle)季刊，用中、英、法、西、俄和阿拉伯六种文字发行。《联合国年鉴》(Year book of the United Nations)。

地位 联合国作为当今世界最大、最重要、最具代表性和权威的国际组织，其国际集体安全机制的功能已经得到国际社会的普遍认可。

作用 近年来，联合国在维护世界和平，缓和国际紧张局势，解决地区冲突、协调国际经济关系，促进世界各国经济、科学、文化的合作与交流等诸多方面，都发挥着积极的作用。

联合国大会 简称"联大"，由全体会员国组成。它是联合国的审议机构。

每年举行一次常会，规定每年9月的第三个星期二开幕，通常持续到12月中旬，每届常会会期一般为3个月。

如议程未讨论完毕，可延至第二年春继续，但必须在下届常会开幕前闭幕。大会可在会议期间决定暂时休会，并可在以后复会。大会对于"重要问题"的决议，须由2/3多数通过；对于"一般问题"的决议，半数以上通过即可。

大会通过的决议，不具有法律约束力，但足以对会员国产生广泛的政治影响。除常会以外，

应半数以上会员国或安理会要求，大会还可在15天内召开特别会议，在24小时内举行紧急特别会议。按照联合国宪章的规定，大会有权讨论宪章范围内任何问题，并向会员国和安理会提出建议。

大会接受和审议安理会及其机构的报告；选举安理会非常任理事国、经济与社会理事会和托管理事会理事国；与安全理事会一起选举国际法院法官；根据安理会推荐批准接纳新会员和任命秘书长。

联合国的预算和会员国分摊的会费都需经大会讨论决定。每届常会开会时，各国往往派出外交部部长或其他部长级官员率代表团出席，一些国家元首和政府首脑也到会发表讲话。大会的1名主席和21名副主席，由常会全体会议按地区分配原则选举产生，安全理事会5个常任理事国为大会当然副主席，但也需经过选举。

联合国安全理事会　简称"安理会"，由中国、法国、俄罗斯、英国、美国等5个常任理事国和10个非常任理事国组成。非常任理事国按地区分配原则由大会选举产生，任期两年，不能连选连任。《宪章》规定，安理会在维护国际和平及安全方面负有主要责任，职能是：根据宪章规定作出全体会员国都有义务接受并执行的规定；调查任何国际争端或可能引起国际摩擦或争端的任何情况，断定威胁和平、破坏和平或侵略的行动，并采取经济、外交或军事制裁行动来反对侵略；负责拟订军备管制的计划；向大会推荐新会员国和秘书长。安理会的行动以"5个常任理事国一致"的原则（即所谓"大国一致原则"）为基础，5个常任理事国在实质问题上都拥有否决权。经安理会通过的决议，对会员国具有约束力。

安理会是联合国中唯一有权对国际和平与安全采取行动的机构。它有权对国际争端进行调查和调停，可以采取武器禁运、经济制裁等强制性措施，还可以派遣联合国维和部队，以协助缓和某一地区的紧张局势。

联合国安理会作为国际集体安全机制的核心，已经成为公认的多边安全体系最具权威性和合法性的机构。

联合国的徽记、旗帜和联合国歌 联合国的正式徽记是一个从北极看上去的世界图，周围用一个橄榄枝圆环围绕着的图案。

联合国旗帜的底色为浅蓝色，正中的图案是一个白色的联合国徽记。

1945年，美国战略服务处为在旧金山召开的"联合国家国际组织会议"设计了一枚联合国"国徽"。整个徽记是一幅以北极点为中心、方位角等距离的平面投影世界地图。地图上的陆地为白色，水域为淡蓝色，其8条经线延伸至南纬60°，纬线由5个同心圆表示。

图案由两根交叉的金色橄榄枝组成的花环相托，象征世界和平。"国徽"上还有联合国的名称缩写"UN"。橄榄枝的含义是和平。为什么用橄榄枝象征和平呢？这里面有着一个"诺亚方舟"的神话传说。

在远古的时候，一天，上帝发觉人类的道德意识越来越糟，简直到了不可救药的地步，十分生气，于是决定用洪水把人类全部吞没。

但到四面八方仔细查访，最后了解到有一对叫诺亚的夫妇道德良好，结果上帝把生存的权利赐给了他俩。上帝令人通知诺亚夫妇，准备一只方形大木船，备足干粮和饮水，并挑选各种动物一起载到船上。

洪水来时，世界上的生物都未能逃脱这场灾难，只有诺亚的方舟仍旧在水上漂流。过了很长时间，洪水渐渐消退，远处出现了高山、岛屿、陆地。

诺亚夫妇很高兴，就将船上的一对鸽子放飞，给它们以自由。不久，鸽子飞回来了，并衔着一根翠绿色的橄榄枝，意味着大地恢复了生机，一切都归于和平。

世界旗　鲜为人知的"世界旗"则是由法国诗人让·伊拉尔创作的，他花了20年时间才完成"世界旗"的设计。这面"世界旗"为蓝底，表示宇宙天空；中央有两颗星，表示男女两性；外侧有六条轴射线，颜色为白、黑、红、黄等，表示不同人种共存。

《联合国歌》是1945年美国诗人M·J·罗梅根据苏联作曲家肖斯塔科维奇《相逢之歌》的曲调，按联合国宪章精神重新填词而定的。

《联合国歌》歌词

太阳与星辰罗列天空，大地涌起雄壮歌声，人类同歌唱崇高希望，赞美新世界的诞生。

奋起解除我国家束缚，在黑暗势力压迫下人

民怒吼，吼声如雷鸣，光明如水流般无情。

太阳必然地迎着清晨，江河自然流入海洋。人类新世纪已经来临，我子孙多自由光荣。

联合国家团结向前，义旗招展，为胜利、自由的新世界，携手并肩。

同情中国

　　付出巨大民族牺牲的中国抗日战争，是世界反法西斯战争的重要组成部分，是亚太地区的主战场，为争取世界反法西斯战争的胜利做出了重要贡献：它始终牵制了日本陆军的2/3和相当数量的海空军，消耗了日本大部分兵力、物力、财力，打乱了日本的侵略部署，阻滞了日军的南进；它不仅使苏联避免了两线作战的不利局面，而且减轻了美英在太平洋战场的压力，为美英战略反攻创造了条件。

　　罗斯福在其12年的总统生涯中，总的来看，是同情中国、支持抗战的。

　　事实证明，他是一位具有全球眼光、战略头脑和应变能力的世界级政治家。

　　罗斯福对中国的感情初始于他外祖父与中国做生意的故事。

　　1829年，罗斯福的外祖父就开始到中国做买卖。

他到过汕头、广州和汉口。在对华贸易中赚到100万美元，回国投资铁路亏蚀净尽。

1856年他又来到中国，先做鸦片生意，后做茶叶生意，赚了不少钱，于是决定把全家带到中国去。在美国南北战争期间，他成为联邦政府在中国的代理人，几年中又赚了100万美元。罗斯福的母亲萨拉还记得她小时候同她父亲一起参加一个上等中国人家庭宴会的情景。

她说："爸爸要我们这些孩子们装出喜欢中国食物的样子，尽管我们觉得它的味道很奇怪。"

萨拉在中国住了两年，10岁时就被送回美国读书了。

罗斯福对外公的这一段经历很感兴趣。他担任总统后，特别喜欢与人谈起外公和母亲与中国的关系，有时是用来说明自己对中国的怀旧感情，有时是用来作为应付交谈者的材料。

罗斯福的私人偏好不足以构成他对华政策的基石。实际上，罗斯福的对华政策完全是他根据美国自身利益所作的全球性考虑。

第一次世界大战后，国际棋盘的布局发生了重大变化。沙皇俄国变成了苏维埃俄国，英国和法国成了美国的债务国。

在亚洲只有日本趁欧洲厮杀时机，快速地跃升为资本主义强国。因此，美国便把日本看成是太平洋上的主要竞争对手，这也是美日冲突的深刻根源。从根本意义上来说，美日两国在太平洋上的矛盾从1931～1941年是日益发展的，兵戎相见，并非意外。

日本发动全面侵华战争后，美国认为这是对其"门户开放"政策的蔑视和对其太平洋利益的挑战。

在与使用禁运作为美国对日本扩大侵略的反应手段的同时，罗斯福逐步地、有针对性地增加对华援助。这对日本是一种警告和压力，对中国则"有打强心针之效能"。

1942年和1943年，罗斯福对中国实行援助的措施包括：供应军事物资、加强中国空军、训练军官和技术人员，还给了蒋介石政府近7亿美元的贷款等。他希望中国担任"拖住日本人"，起到消耗其国力的作用，并把中国当作未来盟军对日本本土发起攻击的基地。

因此，他千方百计"维持住中国"的目的是为了对付日本。这也是美中战时同盟关系的基础。

1942年2月7日，罗斯福公开声明："中国军队……遭受野蛮侵略所进行的英勇抵抗，已经赢得美国和一切热爱自由民族的最高赞誉。中国人民，武装起来的

和没有武装的都一样，在十分不利的情况下，对于在装备上占极大优势的敌人进行了差不多五年坚决抗击所表现出来的顽强，乃是对其他联合国家军队和全体人民的鼓舞。"

1943年1月11日，中美两国在华盛顿签订了关于废除在中国的治外法权及有关规定的条约，规定美国放弃在华治外法权和1901年北京议定书所赋予的特权，其中包括在华驻兵权、通商口岸制度、北平使馆界、上海和厦门公共租界等；美国声明放弃内河航行和沿海贸易特权、美国军舰在中国领水内享有的特权。美国参议院根据罗斯福的请求，于1943年2月11日一致批准上述条约。

同年12月17日，美国国会根据罗斯福的请求，又废除了1882～1913年制订的一系列的排华法。

罗斯福在国内和国际上还率先承认中国的大国地位和在国际事务中的作用。

1942年4月，他对全国广播中告诉美国人民，"中国人民在这次战争中是首先站起来同侵略者战斗的，在将来，一个仍然不可战胜的中国将不仅在东亚，而且在全世界，起到维护和平和繁荣的适当作用。"在国际上，罗斯福力排众议，说服丘吉尔和斯大林承认中国的大国地位。

← 开罗宣言

　　1943年10月30日在莫斯科签订的《四大国宣言》，是罗斯福建议把中国包括在内的。1943年11月举行的开罗会议和德黑兰会议上，中国的大国地位得到罗斯福的支持。他认为：中国虽然目前还很弱，但它毕竟是一个拥有4亿人口的国家，中国对未来的世界将有重要意义。当然，罗斯福坚持把中国列入四大国，有他政治上、军事上的考虑：在战时依靠中国的人力牵制日本，战后出现一个追随美国的中国。

　　罗斯福在美中日苏之间的关系的处理上，时时把对华政策放在世界性战略中来衡量，而他的世界性战略是以美国的最大利益为转移的。

　　不管罗斯福主观上怎么想，在客观上他确实做了许多有利于中国的事情。值得一提的是，1943年11月

和12月开罗会议所发表的《开罗宣言》中有关中国领土归还的重大事项还多亏了罗斯福的帮忙。

二战后，随着局势的发展，深谋远虑、运筹帷幄的罗斯福也有"押错了宝"的逆举。

他把蒋介石当作中国的唯一代表，唯恐蒋介石罢兵停战，投降日本，因此对他多方迁就，直到应蒋介石的坚决要求，把主张美国应公正对待中国一切抗日军队的史迪威调回美国，达到了顶点。

蒋介石借助美援把精锐部队不用于打日本人而用于对付中国共产党，这是罗斯福没有想到的事情。

据《西行漫记》作者埃德加·斯诺的叙述：罗斯福曾在开罗期间告诫蒋介石必须设法同中共合作，避免内战，一致抗日；在1942年和1945年，罗斯福曾直接表示要对中共领导的军队以支援。

因此，说罗斯福支持蒋介石打内战，这只是人们根据蒋介石的倒行逆施所作的猜测。至今还没有证据表明罗斯福政府实施援蒋反共的政策。

1944年，罗斯福在竞选中击败了纽约州长托马斯·杜威，又赢得了第四任总统的连任。但是正当同盟国快要战胜法西斯的时刻，他的健康状况恶化了。

1945年4月12日，他在佐治亚温泉因脑出血而辞世。

美国人民沉浸在哀痛之中。

世界人民也为之落泪。

罗斯福带着满身的疲惫离开了人间，终年63岁。

正因为罗斯福在复杂的形势下同情中国，坚持援华抗战的政策，中国人民对他给予了很高的评价。

罗斯福逝世后，毛泽东和朱德于1945年4月13日从延安联名发出唁电："罗斯福总统不幸逝世，我们谨向美国人民及罗斯福总统遗族表示吾人之深切吊唁，举世均将深痛此种损失。"

他们还派叶剑英和杨尚昆代表中共和解放区军民，林伯渠和谢觉哉代表边区政府和边区参议会，分赴延安美军观察组致唁。

1945年4月14日，延安《解放日报》以《哀悼罗斯福总统》为题发表社论。

赞誉他在世界反法西斯战争中的贡献，并指出"对于我国抗日战争，罗斯福总统一贯地采取同情和友谊的态度，自太平洋战争以来，美国成为我国的战友，罗斯福总统不顾孤立主义分子的阻挠，采取促进我国团结和积极援助我国的政策。"

对此，中国人民是永远不会忘记的！

相关链接
XIANGGUAN LIANJIE

开罗会议

第二次世界大战期间，1943年11月22～26日，中国、美国、英国三国政府首脑在开罗举行的国际会议。

参加会议的有美国总统F.D.富兰克林·罗斯福、英国首相W.L.S.温斯顿·丘吉尔和中国国民党政府主席蒋介石。

1943年是第二次世界大战战场形势发生根本转变的一年。

会议讨论的主要问题包括：关于对日作战计划。

罗斯福为扩大美国对中国的影响与控制，主张从印度经缅甸向中国方向进攻，将日军逐出缅甸，恢复与中国的陆上交通；蒋介石也希望在缅北发动战役，以促使美英增加对中国的军事援助，巩固其实力地位。

但是，丘吉尔不愿美国在东南亚和远东的地位得到加强，不愿美中军队参与解放英国前殖民地缅甸的作战，因而予以反对。三方最后作出在滇缅路对日作战的决定。

关于远东战后安排。三方对于剥夺日本自1914年第一次世界大战爆发以来在太平洋地区夺取或占领的所有岛屿并将日本侵占的中国领土归还中国等问题达成一致意见，但在战后如何处置原为欧洲国家和日本属地或势力范围的某些殖民地附属国问题上未达成一致意见。

罗斯福主张给这些国家以形式上的独立权，以便日后美国扩大自由贸易市场；丘吉尔则拒绝讨论任何有关远东英国殖民地的前途问题，拒绝交还中国的香港与九龙。

开罗会议的成果：三国宣布，对日作战的目的在于制止及惩罚日本的侵略；剥夺日本自1914年第一次世界大战开始以后在太平洋所得或占领的一切岛屿，把日本侵占中国的东北地区、台湾地区、澎湖列岛等归还中国；日本将被逐出其以武力所攫取的所有土地；在相当期间内使朝鲜自由独立；坚持战斗到日本无条件投降。

《开罗宣言》向全世界宣告了反法西斯同盟国团结合作、彻底打败日本的决心和途径，打击了

法西斯日本的侵略气焰，是确定日本侵略罪行及战后处置日本问题的重要国际文件之一。

　　但是，宣言只规定剥夺日本占领的太平洋岛屿的统治权，却不谈如何处理；关于朝鲜独立日期的规定含糊不清；对香港的地位亦未作出明确规定。

"世界蓝图"

> 严峻的形势、崭新的邦家，命我森严
> 壁垒，警戒着海角天涯。
>
> ——维琪尔

为了绘制战后世界的蓝图，早在20世纪40年代初，罗斯福就指示国务院设立专门机构，从"美国的最大利益出发"研究战后美国"为建立一个理想的世界秩序而需要的基本原则"。

1941年，美国大财阀亨利·R·鲁斯发表《美国世纪》一书，提出20世纪是美国的世纪，要由美国担负领导世界的责任。到了1943年，大战已进行五个年头了。斯大林格勒保卫战的胜利、中途岛战役的大捷、意大利的投降等，预示着法西斯必败无疑。

1943年4月，罗斯福总统授意雷斯特·戴维斯在报上发表了《罗斯福的世界蓝图》一文，向世人祖露了罗斯福称霸世界的全球战略。其基本构想是：以美英苏合作为前提，力图通过大国间的合作，软化苏联，拉拢英国，树立美国在全世界的领导地位。

罗斯福在二战行将结束之际不幸被病魔夺走了生命。他未能看到战后美国实力日盛增强的图景，未免令美国人为他感到遗憾。

他在二战中苦心孤诣、殚精竭虑、纵横捭阖，其目的就是为美国最终的强大。

罗斯福的遗愿仅仅5个月就在战后初期变成了现实，可是他却已经死了。

他给身后的世界留下了四大遗产：布雷顿森林体系，雅尔塔体制，联合国和原子弹。也正是它们构成了战后美国称霸世界的骨架，是罗斯福"世界蓝图"的构筑梁椽。

首先，布雷顿森林体系，确立了美国在世界经济领域中的霸主地位。

1944年7月，美苏英法中等44个国家在美国的新罕布什尔州的布雷顿森林，举行国际货币金融会议。

会议在美国财政部长摩根索的主持下，迫使与会国代表按照美国的方案通过了"最后议定书"，以及《国际货币基金协定》和《国际复兴开发银行协定》（又称《世界银行协定》）两个附件，总称"布雷顿森林协定。"

根据国际货币基金协定，规定一盎司黄金等于35美元，各会员国的货币与美元挂钩，保持固定的汇率，美元可代替黄金作为储备。

这样就把各国货币与美元联系起来，美元成为世界货币，处于资本主义货币体系中的霸主地位，美国从而成为世界金融中心。

根据世界银行协定，参加世界银行的国家必须是国际货币基金组织的会员国，必须把货币主权交给基金组织，并用黄金或美元偿还，方可得到世界银行贷款。贷款专款专用，在世界银行的代表监督下，购买美国商品。

这样，美国及其垄断组织就可仰仗美元的特殊地位，增发纸币代替黄金，购买外国货币、企业以及支付海外驻军的庞大费用。

世界银行为美国垄断资本扩大和私人投资开辟了道路，成为美国资本输出和商品输出的重要工具。

"布雷顿森林协定"建立了一个以美元为中心的资本主义世界货币体系，即布雷顿森林体系。

它是美国在其他资本主义国家经济实力严重削弱的基础上建立起来的，具有强权性。

布雷顿森林体系的建立，标志着美国战后经济霸权地位的形成，美国因此成为最大的国际剥削者和掠夺者。

"布雷顿森林协定"的出台，沉重地打击了英国的

国际经济利益，以至英国国会迟迟不予批准。

但是，战后英国的严重经济困难和"美元荒"，给美国提供了压服英国的良机。英国被迫批准协定，得到美国37.5亿美元的巨额贷款而渡过难关。美国还迫使英镑一下子贬值30.5%，英镑从此一蹶不振，每况愈下。英镑贬值导致法郎贬值。这样，美国的两个主要竞争对手被挤垮了。至于苏联，因担心美国会干预和破坏苏联及东欧各国经济主权，终于拒绝参加。

其次，雅尔塔体制，奠定了两极国际政治格局的基础。

所谓雅尔塔体制，是指在二战末期，美、苏、英三国首脑在德黑兰会议、雅尔塔会议和波茨坦会议上，对战争遗留问题所做的处理、对势力范围所做的划分和对战后世界秩序所做的安排。

在这三次会议中，雅尔塔会议的决定最为重要，故名雅尔塔体制。

1943年11月28日至12月1日，罗斯福、丘吉尔、斯大林来到德黑兰，举行了二战期间三国首脑的第一次会议。

会议决定：（1）美英于1944年5月正式开辟欧洲第二战场（开辟时间是1944年6月6日），东西方配合对德作战；（2）战败后的德国由盟军分区占领；（3）

将德国东部一些地区并入波兰；（4）欧洲战事结束后半年左右，苏军参加对日作战。会议还讨论了建立联合国问题。在这次会议后不久，罗斯福告诉他的儿子说：他希望美英苏能够保持战时合作局面，由美国起举足轻重的作用。大国主宰世界的思想表现出来了。

1945年2月4～11日，罗斯福、斯大林、丘吉尔在雅尔塔举行了战时第二次首脑会议。

会议决定：（1）由美、苏、英、法对战败的德国 实行分区占领；德国必须为它在此次战争中给盟国造成的损失以实物赔偿。（2）波兰东部边界以"寇松线"为准，将德国的一部分领土划给波兰作为补偿。（3）对联合国的组织及其会员国的加入作了具体规定。

↑参加雅尔塔会议的丘吉尔、罗斯福和斯大林

在雅尔塔会议期间，罗斯福与斯大林还背着盟国和中国在远东问题上做了一项秘密交易。条件满足后，斯大林承诺对德"战争结束二三个月后参加对日作战。"

罗斯福与斯大林作这一项秘密交易，"压倒一切的考虑"是：据他估计，如果苏联参加对日作战"至少可以减少50万美军的伤亡"。

美国军人的鲜血固然金贵，苏联军人的生命也不是可以白扔的。斯大林说，出兵可以，但得有条件，否则他很难向苏联人民交代为什么要向一个并未攻击它的国家作战。于是，便达成上述的秘密协定，即雅尔塔协定。

1945年7月17日的波茨坦会议是在罗斯福死后三个月后召开的，这次会议主要讨论了战败德国的处理问题。在雅尔塔体制中占的分量不大。

雅尔塔体制加速了战胜法西斯的进程，具有积极意义。但它是大国强权政治的表现，既为战后美苏两个超级大国的争霸埋下了隐患，也为战后国际关系留下了许多阴影。

它对东西方势力范围的划分和对战后世界秩序的安排，为战后两极格局的形成奠定了基础。

第三，联合国的筹建，为美国意欲操纵世界、干涉他国事务提供了国际性的组织依托。

在德黑兰会议上，罗斯福对战后国际组织的构成作了很具体的设计。

他在一张纸上画了3个圈，当中的一个圈标明"执委会"，右边一个圈标上"4个警察"，左边的圈写上"40个联合国家"。这一构想就是以后联合国的安全理事会，4个常任理事国（另加上了一个法国）和联合国大会。

在雅尔塔会议上，罗斯福对联合国组织的基本设计，原则上为斯大林和丘吉尔所接受。

← 波茨坦会议现场

会议决定：（1）由美、英、苏、中、法作为发起国，于1945年4月25日在美国旧金山召开联合国成立大会；（2）1942年元旦以前在《联合国共同宣言》上签字的国家和1945年3月1日以前对共同敌人宣战的国家将被邀请参加会议；（3）根据罗斯福提出的大国一致原则，美、英、苏、中、法五个安理会常任理事国，对一切重大问题都享有"否决权"。

不幸的是，罗斯福在联合国成立大会召开前13天就作古了，未能见到费尽心机全力促成的世界上最大的全球性国际组织——联合国的诞生。

联合国成立之初，美国气焰嚣张，飞扬跋扈，指手画脚，妄图充当世界的当家人。

第四，原子弹的研制极其成功，曾使美国不可一世。

出于征服整个世界的需要，希特勒威逼德国物理学家为他研制原子弹。消息不时传来，使美国科学家，尤其是从德国被迫出逃到美国的科学家们再也坐不住了。他们找到爱因斯坦，共同起草了一封信并由爱因斯坦签署，上书美国总统罗斯福。罗斯福断然采纳了科学家们的建议。于是便开始了研制原子弹的"曼哈顿工程"。

整个工程不惜工本，动用了15万人力和20亿美元巨款，力争"赶在德国人前面"。

虽然罗斯福在生前未能听到原子弹的爆炸声，但1945年7月16日试爆成功的人类第一颗原子弹则是他决策的成果。他的继任者杜鲁门于8月6日和9日，下令在日本的广岛和长崎投下了两颗原子弹。当场10余万人瞬间死于非命。

美国在独家垄断原子弹时期，称霸世界的野心猖狂到了极点。

雅尔塔会议及主要内容

雅尔塔会议是第二次世界大战末期美、英、苏三国首脑罗斯福、斯大林、丘吉尔在苏联克里米亚半岛雅尔塔举行的会议，又称克里米亚会议（Crimea Conference）。会议时间为1945年2月4～11日。

会议主要内容包括

战后处置德国问题。决定由美、英、法、苏四国分区占领德国和德国必须交付战争赔偿以及彻底消灭德国军国主义和纳粹主义的一般原则。

波兰问题。三国决定波兰东部边界大体上以寇松线为准，在若干区域作出对波兰有利的5～8公里的逸出，同意波兰在北部和西部应获得新的领土，其最后定界留待和会解决；关于波兰政府的组成经过激烈争论，同意以卢布林的波兰临时政府为基础进行改组，容纳国内外其他民主人士。

远东问题。苏联承诺在欧洲战争结束后2～3个月内参加对日作战。

联合国问题。同意苏联的乌克兰和白俄罗斯加盟共和国为联合国创始会员国，决定美、英、法、苏、中五国为安理会常任理事国，规定实质性问题常任理事国一致同意的原则。

此外，会议还讨论了希腊、南斯拉夫、意大利等欧洲国家的有关问题。会议签署了《雅尔塔协定》，通过了《被解放的欧洲的宣言》和《克里米亚宣言》等文件。

此次会议巩固和维护了三国战时联盟，对协调盟国对德、日作战，加速反法西斯战争的胜利进程和促进战后和平稳定局面的形成起到重要积极作用，为联合国的建立奠定了基础。但会议的某些协议未经有关国家同意，具有明显的大国强权政治和绥靖政策的倾向，严重损害了中国等国的主权、利益和领土行政完整。三大国在会议上作出的战后世界秩序的安排被称为雅尔塔体系，对战后世界影响巨大。

这次会议是继1943年德黑兰会议后的第二次同盟国首脑会议。会议的结论在1945年7至8月的波茨坦会议就有所争议。许多人批评此次会议使苏联以及各国共产党得以控制中欧，东欧以及亚洲许多国家，因为在会中美国总统罗斯福以及英国首相丘吉尔都没有依照当时被占领的国家之期望，要求战后被苏联

"解放"的国家交由联合国代管。此外为争取苏联对日宣战，会中部分内容侵犯中国权利甚大。会前其他国家并不知情，故其结论亦有"雅尔塔密约"之称。

会议协议内容包括

所有被解放的欧洲国家内应该举行民主选举。

4月在旧金山进行联合国成立的会议。联合国的组织方式基本被确定，联合国安理会的主意被采纳。美国和英国同意当时属苏联的乌克兰加盟共和国和白俄罗斯加盟共和国为独立的联合国成员。

德国被分裂，德军被解散，德国不准再拥有军队。美英苏认为这是"今后和平和安全的必要条件"。德国应该被分裂为同盟国家的占领区。

法国也应该有自己的占领区，应该成为同盟国对德国控制委员会的一员。德国应该为"她对同盟国在战争中造成的损失"付战争赔款。战争赔款可以以德国国家资源、一段时间内应该支付的偿款或劳动力的方式赔偿。美国和苏联达成协议偿款总额为约220亿美元。英国认为在当时偿款总额还无法估计。

战争罪问题被暂时搁置。在波兰，一个"广泛的民主临时政府"应该"尽快进行自由的和不受他国控制的、全民的和秘密的选举"。

在南斯拉夫，一个保皇党和共产党的联合政府应该被建立。德国投降后三个月内苏联向日本宣战。其报酬是苏联获得库页岛、千岛群岛以及其对大连、旅顺及其铁路连接的控制。关于意大利—南斯拉夫、意大利—奥地利、南斯拉夫—保加利亚、罗马尼亚、伊朗以及土耳其管理的黑海与地中海之间海峡使用的问题被暂时搁置。所有被俘的苏联公民被遣回，无论愿不愿意。在德国投降、欧洲战争结束后二至三个月内，苏俄依据以下条件协助同盟国参加对日战争。

对1904年由于日本背信攻击（日俄战争）所受侵害的帝俄旧有权利，应予恢复：（a）库页岛南部及其邻近的一切岛屿均须归还苏俄；（b）维护苏俄在大连商港的优先权益，并使该港国际化；同时恢复旅顺港口俄国海军基地的租借权；（c）中苏设立公司共同经营合办中长铁路、南满铁路，并保障苏俄的优先利益。罗斯福总统依斯大林之通知，采取取得其同意之措施。

功过是非

一个君王要兼有狐狸与狮子的特点。
　　　　　　——马基雅维里

　　罗斯福是一个综合性的历史人物。《罗斯福家族史》的作者纳坦·米勒认为："美国人很少有比罗斯福更受到赞誉和憎恨的了；直到今天，一提到他的名字，有人是充满怀念之情，有的人则是骂不绝口。"

　　他评价道："没有一个美国总统能那样有效地集政客、政治家、鼓动者和导师的品质于一身，这些品质成为伟大人物所需要的。"

　　综观罗斯福入主白宫12年，他不愧为一名政绩斐然、智勇超群的总统。

　　他以非凡的勇气和胆略，打破常规施以"新政"，把美国的经济带出谷底，走出困境，开始了发展繁荣的新时期；他力排众议、高瞻远瞩，把美国从孤立主义的沉潭中拉了出来，加入了世界反法西斯的洪流之列；他审时度势、精于机变，善于用"狐狸的计谋为狮子的目的服务"；他立场坚定、机敏而动。

罗斯福推翻的最大先例，就是由美国开国总统华盛顿所树立的连选两任不得超过两届的政治传统，他连选连任了四届（最后一届未满）；他创立了首脑外交模式，拖着病残之躯，一而再再而三地远涉重洋，与盟国首脑进行会谈，大刀阔斧，当机立断；他打破了美国三权分立的平衡，使总统的权力大大扩增；他那富有个人色彩的"新政"揭破了"计划""市场"的标签限制，使美国的经济有了生机与活力。

战后50多年来，首脑个人外交模式已经成为习以为常的国际交往的行为方式。他所树立的福利国家样式，扩大中央政府权力，干预经济生活的成文与不成文法，直到今天，仍可感受到它们的影响。

罗斯福以其内政上的卓然，在国内赢得了新时期"最能干的总统"的称号；而他在反法西斯战争中的出色表演，使他在世界上赢得了声誉。

罗斯福作为一名政治家，很懂得民心的重要性。他成功地运用了舆论工具去宣传他的主张，影响人民，争取人民对他的支持。他在位期间，利用广播这个媒介，及时地把大政方针告诉人民。

求得理解与配合。此外，他十分重视与新闻界保持联系。他通过记者招待会宣布重要决定，也通过它

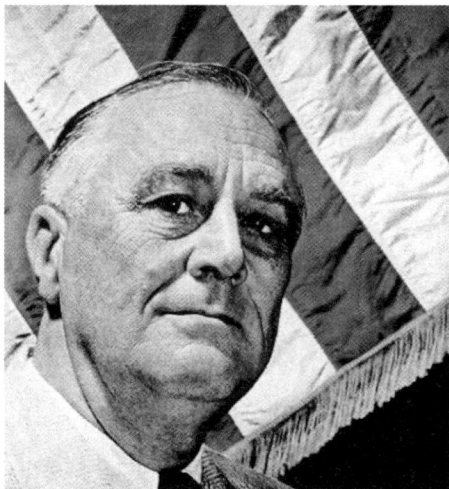

了解全国舆论动向。在 12 年任期中，他共举行 998 次记者招待会。

正因为他比较乐于听取公众舆论，所以他能够对其加以引导和必要的推动，把群众的愿望变成政策。

罗斯福采取的有魄力、有远见的政策，是同他的实用主义思想联系在一起的。

他的"新政"是这样，对外政策也是如此。罗斯福的实用标准，就是美国的利益。他援英、援苏、援华的政策，不但使美国的国防线等于延伸到东欧和东亚，而且使美国避免了 10 万计的人员伤亡。

在二战中，他采取的一系列极力维护和扩大美国利益的措施和行动，如"布雷顿森林协定"的签订、"雅尔塔体制"的构筑、积极筹建联合国、拍板研制原子弹等，为战后美国成为西方盟主和世界超级大国奠定了基础。

当然，罗斯福和任何一位剥削阶级政治家一样，都是玩弄权术、善使计谋的高手。

譬如，1940年6月20日，正是共和党召开全国代表大会前夕，民主党人罗斯福却任命共和党人、以主张对日本持强硬立场著称的诺克斯和史汀生，分别担任海军部长和陆军部长要职。难道民主党内没人了吗？不是。

这一任命是一石多鸟：除了向世界和日本显示美国维护太平洋的利益的决心外，在国内也有多方面的作用，其中包含让全国选民看到罗斯福是"捐弃党派成见"的，并瓦解共和党，以利于民主党夺魁。

罗斯福这一妙棋，对他第三任总统的当选产生了重大的有利作用。

总起来说，罗斯福是集权术、胆识和实用主义于一身的卓越的资产阶级政治家。